OS DESAFIOS DO TERCEIRO SETOR

Editora Appris Ltda.
1.ª Edição - Copyright© 2024 da autora
Direitos de Edição Reservados à Editora Appris Ltda.

Nenhuma parte desta obra poderá ser utilizada indevidamente, sem estar de acordo com a Lei nº 9.610/98. Se incorreções forem encontradas, serão de exclusiva responsabilidade de seus organizadores. Foi realizado o Depósito Legal na Fundação Biblioteca Nacional, de acordo com as Leis nos 10.994, de 14/12/2004, e 12.192, de 14/01/2010.

Catalogação na Fonte
Elaborado por: Dayanne Leal Souza
Bibliotecária CRB 9/2162

G993d
2024
	Guzzo, Rossilene Araujo
	    Os desafios do Terceiro Setor / Rossilene Araujo Guzzo. – 1. ed. – Curitiba: Appris, 2024.
	    205 p. ; 23 cm. – (Coleção Ciências Sociais – Seção Administração).
	
	    Inclui referências.
	    ISBN 978-65-250-7036-0
	
	    1. Terceiro setor. 2. Venture philanthropy. 3. Sustentabilidade. I. Guzzo, Rossilene Araujo. II. Título. III. Série.
	
	    CDD – 330.122

Appris editora

Editora e Livraria Appris Ltda.
Av. Manoel Ribas, 2265 – Mercês
Curitiba/PR – CEP: 80810-002
Tel. (41) 3156 - 4731
www.editoraappris.com.br

Printed in Brazil
Impresso no Brasil

Rossilene Araujo Guzzo

OS DESAFIOS DO TERCEIRO SETOR

Appris editora

Curitiba, PR
2024

FICHA TÉCNICA

EDITORIAL	Augusto Coelho
	Sara C. de Andrade Coelho

COMITÊ EDITORIAL:
- Ana El Achkar (Universo/RJ)
- Andréa Barbosa Gouveia (UFPR)
- Antonio Evangelista de Souza Netto (PUC-SP)
- Belinda Cunha (UFPB)
- Délton Winter de Carvalho (FMP)
- Edson da Silva (UFVJM)
- Eliete Correia dos Santos (UEPB)
- Erineu Foerste (Ufes)
- Fabiano Santos (UERJ-IESP)
- Francinete Fernandes de Sousa (UEPB)
- Francisco Carlos Duarte (PUCPR)
- Francisco de Assis (Fiam-Faam-SP-Brasil)
- Gláucia Figueiredo (UNIPAMPA/ UDELAR)
- Jacques de Lima Ferreira (UNOESC)
- Jean Carlos Gonçalves (UFPR)
- José Wálter Nunes (UnB)
- Junia de Vilhena (PUC-RIO)
- Lucas Mesquita (UNILA)
- Márcia Gonçalves (Unitau)
- Maria Aparecida Barbosa (USP)
- Maria Margarida de Andrade (Umack)
- Marilda A. Behrens (PUCPR)
- Marília Andrade Torales Campos (UFPR)
- Marli Caetano
- Patrícia L. Torres (PUCPR)
- Paula Costa Mosca Macedo (UNIFESP)
- Ramon Blanco (UNILA)
- Roberta Ecleide Kelly (NEPE)
- Roque Ismael da Costa Güllich (UFFS)
- Sergio Gomes (UFRJ)
- Tiago Gagliano Pinto Alberto (PUCPR)
- Toni Reis (UP)
- Valdomiro de Oliveira (UFPR)

SUPERVISORA EDITORIAL	Renata C. Lopes
PRODUÇÃO EDITORIAL	Sabrina Costa
REVISÃO	Stephanie Ferreira Lima
DIAGRAMAÇÃO	Kananda Ferreira
CAPA	Mateus de Andrade Porfírio
REVISÃO DE PROVA	Jibril Keddeh

COMITÊ CIENTÍFICO DA COLEÇÃO CIÊNCIAS SOCIAIS

DIREÇÃO CIENTÍFICA	Fabiano Santos (UERJ-IESP)

CONSULTORES:
- Alícia Ferreira Gonçalves (UFPB)
- Artur Perrusi (UFPB)
- Carlos Xavier de Azevedo Netto (UFPB)
- Charles Pessanha (UFRJ)
- Flávio Munhoz Sofiati (UFG)
- Elisandro Pires Frigo (UFPR-Palotina)
- Gabriel Augusto Miranda Setti (UnB)
- Helcimara de Souza Telles (UFMG)
- Iraneide Soares da Silva (UFC-UFPI)
- João Feres Junior (Uerj)
- Jordão Horta Nunes (UFG)
- José Henrique Artigas de Godoy (UFPB)
- Josilene Pinheiro Mariz (UFCG)
- Leticia Andrade (UEMS)
- Luiz Gonzaga Teixeira (USP)
- Marcelo Almeida Peloggio (UFC)
- Maurício Novaes Souza (IF Sudeste-MG)
- Michelle Sato Frigo (UFPR-Palotina)
- Revalino Freitas (UFG)
- Simone Wolff (UEL)

Dedico esta obra às pessoas que amo de todo coração e que dão sentido à minha vida.

À minha mãe, Ana Maria, que vibra com cada conquista minha e que me ensinou a lutar pelo que eu sempre desejei na vida.

Ao meu companheiro de sempre, Paulo Sergio Guzzo.

Ao meu filho, Paulo Sergio Guzzo Junior, alegria do meu viver, que meu amor possa te servir como redoma de proteção e aconchego sempre.

À Marcella Araujo Guzzo, minha filha amada, companheira de todas as horas, amor pleno e que, como a primavera, traz à minha vida mais beleza, cores e alegria.

Ao meu príncipe, Paulo Sergio Guzzo Neto, benção perfeita de Deus, que veio para nos mostrar o significado do amor incondicional. Tenha sempre a certeza de que iremos te mimar e te amar em todos os momentos de sua vida.

Às minhas irmãs, Rolene, Roliana, Rocinele, Rocinei, Roci, Ruth e Rolindalva, muito queridas e amadas, minhas sobrinhas e sobrinhos e meus cunhados, por estarem sempre ao meu lado, mesmo distantes. Sou grata sempre por todo amor, carinho e torcida constante.

Às minhas amigas de coração, e sei quem saberá se incluir nesse grupo tão seleto, pois são minhas companheiras de vida, sabem a importância que dou a essa forma de amor, que envolve dividirmos bons e maus momentos, conversas fiadas e sérias, risos soltos até diante das dificuldades, incentivo de que tudo vai dar certo, o acreditar, a sintonia, a parceria e, acima de tudo, de saber que podemos contar umas com as outras em todo e qualquer momento, gratidão sempre.

Vocês representam meu porto seguro, o leme da minha vida, a certeza do amor de vocês me dá oportunidade de alcançar voos mais altos, sem medo do que possa vir. Vocês são o grande presente que Deus colocou em minha vida para que ela pudesse ser constantemente iluminada e feliz.

Obrigada a todas(os)!

AGRADECIMENTOS

A Deus, meu Senhor, pelas bênçãos que derrama sobre mim em todos os momentos de minha vida, e à Nossa Senhora das Graças, minha mãe e padroeira, por todas as graças recebidas e a força inexplicável nos momentos difíceis, tornando-os mais leves.

À Geni de Sales Dornelles, mulher empoderada, guerreira, doutora, professora, comprometida com seus ideais, autêntica e autora. Sinto-me honrada tanto por ser sua amiga quanto por ela ter me dado o prazer de ter escrito com tanto carinho a apresentação desta obra.

À Fernanda Gabriela Borger, inteligente, doutora, professora, autora, maravilhosa e minha amiga com todo prazer, agradeço por participar carinhosamente desta obra que faz parte do seu métier.

A Dom Antônio de Assis Ribeiro, bispo auxiliar da Arquidiocese de Belém, amigo e pastor querido de todas as horas, agradeço a confiança no meu trabalho, os incentivos de sempre e, principalmente, pelo excelente prefácio a esta obra. Minha eterna gratidão.

E a todos(as) que direta ou indiretamente contribuíram para a realização do sonho de publicar mais um livro dentro dessa temática pela qual sou apaixonada e que muito me inspira.

Enquanto uma empresa não abraçar uma causa maior e mais abrangente do que o enriquecimento dos acionistas, terá poucos líderes de peso; é mais provável encontrá-los nas arenas do Terceiro Setor. Se esse for o caso, o Terceiro Setor poderá ser o local de treinamento empresarial e talvez político.

(Charles Handy)

APRESENTAÇÃO 1

Um novo livro sempre é bem-vindo, pois ilumina o caminho. Em 1996, quando a UFRGS e a Unama firmaram um convênio para implantar o curso de mestrado em Administração, em Belém, no Pará, conheci a Rossilene. Desde então, o Terceiro Setor já era seu lugar de fala. Nesse espaço, ela realizava uma obra de intervenção na sociedade. Suas ideias criativas e perseverantes evoluíram para uma dissertação e, tempos depois, para um livro. Entretanto, esse discurso atual é estratégico. Além de defender — em tese — a projeção política e o desenvolvimento desse espaço social; na realidade, ela é uma executiva que atua maravilhosamente bem, sem separar trabalho e FÉ.

Na vida comunitária em Belém, no Pará, onde dirige a Instituição Pia Nossa Senhora das Graças — entidade filantrópica que abriga crianças carentes, educando-as e preparando-as para a vida —, a administradora Rossilene Araújo Guzzo é o diferencial por excelência desse gerenciamento. Não se trata de um simples elogio, mas do reconhecimento pela obra realizada na instituição. Reconheço no trabalho executado, em nível superior de desempenho, a dedicação plena e o amor, alavancados por sua capacidade de liderança ativa. Ambos os atributos sustentam a luta incessante por recursos financeiros, vencendo óbices e complexas burocracias, obtendo sucessos no sentido de realizar objetivos e metas, que ela formula com foco nas "suas crianças".

O presente livro revela que a autora faz um resgate histórico do Terceiro Setor, no mundo e no Brasil, ressaltando sua importância para atender e ampliar demandas sociais existentes. Seu olhar vai além da filantropia. Rossilene propõe a busca do equilíbrio entre a ação governamental com suas políticas públicas para o Terceiro Setor, reafirmando o potencial existente. Ela aponta que, sendo devidamente aproveitado e desenvolvido, o avanço desejado seguirá em busca da unidade entre governo, vida comunitária e bem-estar saudável e espiritualizado das pessoas e comunidades.

Em síntese, a autora de *Os desafios do Terceiro Setor* faz uma revisão geral do assunto, parte dos fundamentos teóricos e explica origens, legislação e inter-relações do Terceiro Setor com os demais setores, além do que se refere à problemática atual do país e aos devidos vínculos do Terceiro Setor com o Estado e o Mercado. O destaque está na crítica que a autora faz, com propriedade, ao modo de produção capitalista, sob a ideologia neoliberal. Aliás, algo pouco "comentado" pela sociedade civil, mas que de fato existe e lembra Foucault.

Michel Foucault discorreu com profundidade sobre o significado do neoliberalismo e expôs uma dimensão: a exclusão social. Para ele, o neoliberalismo é uma "prática de governo" na sociedade contemporânea. Foucault afirma: "O credo neoliberal não pretende suprimir a ação do Estado, mas introduzir a regulação do mercado para preservar a concorrência e impedir as interferências nefastas da proteção social aos 'ineficientes', 'perdedores'".

Nesse cenário, a palavra de ordem para a INCLUSÃO SOCIAL só poderá ser UNIÃO, com amor e diálogo. Espero que o novo governo conquiste o Terceiro Setor com sabedoria!

Saúde, PAZ e boa leitura!

Geni de Sales Dornelles

Administradora de Empresas, administradora pública e jornalista pela UFRGS. Mestre em Administração (UFRGS) e em Filosofia (PUC-RS). Doutora em Administração de Empresas pela Escola de Administração de Empresas de São Paulo pela Fundação Getúlio Vargas (1996). Professora adjunta da Escola de Administração da Universidade Federal do Rio Grande do Sul. Professora visitante em várias universidades do Rio Grande do Sul, Santa Catarina e Pará.

APRESENTAÇÃO 2

Eu e Rossilene cruzamos nossos caminhos há muito tempo. Desde então, trilhamos juntas a jornada da responsabilidade social, sustentabilidade e ESG para contribuir com uma sociedade mais justa e sustentável. Ela, com sua atuação no Terceiro Setor, administrando uma organização social, fala mais de sua atuação escrevendo vários livros, ministrando aulas, palestrando, e eu, na academia, ministrando aulas, palestrando, pesquisando, escrevendo artigos, capítulos de livros, ou seja, estivemos sempre em sintonia.

Não foi por acaso que nos cruzamos, porque o conceito de responsabilidade social empresarial está intricado com a ética e filantropia empresarial e a relação das empresas com a sociedade, consequentemente com a relação com a sociedade civil organizada representada pelo Terceiro Setor.

O conceito teórico de responsabilidade social originou-se na década de 1950, quando a literatura formal sobre RSC aparece nos Estados Unidos e na Europa. A preocupação dos pesquisadores dessa década era com a excessiva autonomia dos negócios e o poder desses na sociedade, sem a devida responsabilidade pelas consequências negativas de suas atividades, como a degradação ambiental, a exploração do trabalho, abuso econômico, concorrência desleal. Para compensar os impactos negativos da atuação das empresas, empresários se envolveram em atividades sociais para beneficiar a comunidade, fora do âmbito dos negócios das empresas, como uma obrigação moral.

A filantropia empresarial, tradução do termo *corporate philanthropy*, tem como referência a história norte-americana, na qual a prática tem suas raízes na tradição protestante de doação secular e na origem familiar das empresas. Os "empresários", em nome de suas empresas, faziam doações a causas valorosas, uma doação pessoal e corporativa, assim como se envolviam diretamente em projetos e programas (construção de casas, escolas, hospitais etc.) para os empregados e a comunidade local, especialmente para contribuir para as atividades filantrópicas sem fins lucrativos.

A filantropia empresarial surgiu como um novo campo de atuação que vem conquistando crescente visibilidade no Brasil, vindo compartilhar e disputar espaços com outras formas de ações privadas em benefício público. No entanto, a expressão filantropia empresarial está associada a referências históricas, como caridade, paternalismo e assistencialismo, que têm uma conotação negativa, porque não trouxeram transformações sociais e econômicas efetivas para o desenvolvimento das comunidades.

Hoje, quando se pensa em filantropia empresarial, nota-se consenso sobre a exigência de que esse investimento ocorra sobre uma política da empresa, e não somente sobre o compromisso pessoal do empresário, busca-se termos alternativos para designar as ações próprias a esse campo, como investimento social, ação social empresarial, participação social ou comunitária da empresa, desenvolvimento social.

São esses os desafios e o papel do Terceiro Setor, denominado por Rubem Cesar como privado, porém público, de integrar a sociedade civil com o setor privado e governos, somando com políticas públicas, investimentos e iniciativas das empresas e contribuir para a solução de problemas sociais e ambientais do século XXI.

Rossilene traz com maestria neste livro uma reflexão sobre a importância e os desafios do Terceiro Setor para a nossa sociedade!

Fernanda Gabriela Borger

Professora doutora e coordenadora do curso de pós-graduação em Gestão Estratégica para a Sustentabilidade da FIA. Pesquisadora sênior na Fundação Instituto de Pesquisas Econômicas (Fipe, desde 1996). Atua como consultora para empresas e organizações setoriais. Coordena projetos de pesquisa na FIPE-USP, focados em estratégias de sustentabilidade e impacto social.

PREFÁCIO

Esta obra nos convida a mergulhar no universo do dinamismo da beneficência promovido pelas organizações não governamentais sem fins econômicos. A expressão Terceiro Setor não se refere a uma área da sociedade como a economia, a política, a cultura etc., mas diz respeito ao mundo das instituições que não fazem parte da estrutura de governo e nem tem a identidade de pura empresa focada na lucratividade.

A autora desta obra, que é conhecedora do referido assunto por estudos e pela prática, nos convida a contemplar o universo do Terceiro Setor do qual fazem parte uma grande constelação de instituições, sonhos, causas, iniciativas, serviços, carismas, modalidades organizativas, sensibilidades etc. O foco central dos serviços dessas instituições nem sempre é a filantropia, enquanto promoção de serviços direcionados ao bem-estar do ser humano, mas trata-se da promoção da beneficência em geral contemplando as múltiplas necessidades do universo além do ser humano.

A professora Rossilene nos estimula à reflexão sobre a importância da responsabilidade Social do Terceiro Setor; muito importante para que não se caia na "pilantropia" como mecanismo de dribles das exigências fiscais do Estado. A responsabilidade social deve ser sempre a condição fundamental que garante a significatividade de uma instituição beneficente sem fins econômicos.

A razão de ser de toda instituição social, inclusive das empresas, é contribuir para a promoção da harmonia socioambiental. Quando uma instituição nega as demandas da sociedade e do mundo (no caso de necessidades naturais) ela perde o sentido da sua existência. Portanto, um dos importantes critérios de autenticidade de uma instituição é a sua história e a qualidade da sua relação com a sociedade. Enfim, todas as instituições do Terceiro Setor encontram a sua legitimidade no seu compromisso com a promoção do bem da nossa casa comum, o planeta terra.

A autora, mostrando conhecimento da dinâmica gestão do Terceiro Setor com seus diversos desafios, convoca os gestores dessas instituições a jamais cair na dispersão perdendo o seu foco central. A ânsia por atualização não deve levar uma instituição a perder a consciência da sua identidade. Essa tarefa é muito significativa e desafiadora para os seus gestores.

Além da fidelidade ao foco da instituição, a autora nos convida a pensar num outro desafio muito sério para a boa gestão das instituições do Terceiro Setor, diz respeito à consciência de que tudo está interligado. Nenhuma causa social está desconectada das diversas dimensões da sociedade. Todas as dimensões da sociedade estão interligadas; dessa forma, política, economia, cultura, administração, natureza, tecnologia etc. são realidades interdependentes.

A autora nos alerta ainda para a importância da clareza de identidade das instituições: hoje a crise de identidade é um sério problema para muitas instituições do Terceiro Setor que nasceram apressadamente. A clareza do projeto institucional é condição fundamental para que uma instituição possa interagir com outras. Na base da identidade institucional deve estar um ideal, uma inquietude, um carisma, princípios, valores.

A professora Rossilene Guzzo também nos apresenta referências legais sobre o Terceiro Setor. Sem o reconhecimento da legalidade as Instituições do Terceiro Setor não subsistem porque não respeitam os parâmetros necessários para o seu bem, limites de atuação, disciplina na gestão, e segurança institucional. Antes de tudo, é importante a compreensão da missão do Estado diante do universo das instituições presentes na sociedade. O Estado tem o dever de zelar pela efetivação respeitosa do princípio de subsidiariedade. Entre cidadãos com seus direitos inalienáveis, as instituições em geral e o Estado, deve haver respeito e harmonia, colaboração e corresponsabilidade diante do Bem Comum.

Essa questão da sensibilidade legal, para a autora desta obra, tem uma relação direta com a eticidade das instituições. O que se espera de todas as instituições presentes na sociedade, em particular daquelas relacionadas ao Terceiro Setor atuando nos mais variados campos, é que estejam sempre comprometidas com a promoção de um mundo melhor, portanto, a sensibilidade ética é uma condição básica. Por isso é intolerável o surgimento de qualquer forma de associação e ou instituição criminosa.

O direito de associação está presente na Declaração Universal dos Direitos Humanos, todavia, a sua finalidade deve ser pacífica. Diz o Artigo XX, parágrafo 1: "Todo ser humano tem direito à liberdade de reunião e associação pacífica". Todavia, vale a pena recordar que o rosto ético de uma instituição depende dos seus gestores e das atitudes de todos os seus colaboradores. Sem a sensibilidade ética qualquer instituição perde a sua razão de ser.

Enfim, agradeço à professora Rossilene Guzzo por sua inquietude e atuação reflexiva. A inquietude e a reflexão crítica nos livram do perigo de cair no ativismo social cego. Toda instituição do Terceiro Setor, a partir da sua justa causa ou missão institucional, é chamada a ser portadora de espírito profético na luta por um mundo melhor, contribuindo para uma sociedade mais justa, fraterna e por mais harmonia socioambiental no planeta.

O espírito profético institucional é essencial para que uma organização não perca seu brilho, aprisionando-se na mesmice, se cansando, envelhecendo, perdendo a capacidade de inovação e tornando-se inútil à sociedade. Esse espírito profético é essencial para que uma instituição mantenha o seu vigor e admiração pela sociedade. Uma vez que a sociedade é sempre dinâmica, é muito importante que cada instituição tenha a capacidade de se atualizar ao longo da história, ressignificando a própria missão e suas atividades. A autêntica fidelidade não deve ser estática, mas criativa e dinâmica, acompanhando o dinamismo da história com seus múltiplos desafios e oportunidades.

A meta geral de todas as instituições do Terceiro Setor é contribuir para a promoção da civilização do amor, da justiça e da Paz integral. Boa leitura e reflexão.

Dom Antônio de Assis Ribeiro, SDB
Bispo auxiliar da Arquidiocese de Belém
Professor de ética teológica na Faculdade Católica de Belém

SUMÁRIO

CAPÍTULO I
TERCEIRO SETOR..23
   1.1 ORIGEM DO TERCEIRO SETOR...23
   1.2 FORMAS DE SOCIABILIDADE 31

CAPÍTULO II
O QUE É O TERCEIRO SETOR 33
   2.1 FUNDAMENTAÇÃO DO TERCEIRO SETOR................................33

CAPÍTULO III
O ESTADO E TERCEIRO SETOR 45
   3.1 A DIFERENÇA ENTRE O ESTADO E O TERCEIRO SETOR 45
   3.2 SUAS ESTRUTURAS, FUNÇÕES, FINALIDADES, ORIGENS E
   TRANSFERÊNCIAS DE RECURSOS 46

CAPÍTULO IV
O MERCADO E O TERCEIRO SETOR 49
   4.1 A DIFERENÇA ENTRE O MERCADO O E TERCEIRO SETOR...............49
   4.2 O PARALELO ENTRE A FILANTROPIA E O COMPROMISSO SOCIAL 53
   4.3 NORMAS E CERTIFICAÇÕES DA RESPONSABILIDADE SOCIAL 56
   4.4 O SETOR INFORMAL...58
   4.5 A RELEVÂNCIA DESSE SETOR..59
   4.6 EMPREENDEDORISMO SOCIAL 61
   4.7 EMPREENDEDORES SOCIAIS INTERNACIONAIS E SEU IMPACTO NAS
   ÁREAS ONDE ATUAM...64

CAPÍTULO V
AS TERMINOLOGIAS DO TERCEIRO SETOR..................................67
   5.1 CONHEÇA AS TERMINOLOGIAS DO TERCEIRO SETOR 67
      5.1.1 O que é uma associação? 67
      5.1.2 O que são fundações?...68
   5.2 AS DIFERENÇAS DAS ORGANIZAÇÕES DO TERCEIRO SETOR 68
   5.3 FORMAS DE QUALIFICAÇÃO DAS ORGANIZAÇÕES
   DO TERCEIRO SETOR 71

CAPÍTULO VI
CENÁRIO ATUAL DO TERCEIRO SETOR 75
   6.1 CONHECENDO O TERCEIRO SETOR 75
   6.2 CERTIFICADOS CONCEDIDOS 77
      6.2.1 Título de utilidade pública federal, estadual e municipal 77
      6.2.2 Cebas: Certificado de Entidade Beneficente de Assistência Social 79
   6.3 QUALIFICAÇÕES CONCEDIDAS 80
   6.4 O TERCEIRO SETOR NO MUNDO 84
   6.5 O TERCEIRO SETOR ESTADOS UNIDOS DA AMÉRICA 85
   6.6 AS QUATRO MAIORES ORGANIZAÇÕES DO TERCEIRO SETOR 88
   6.7 O TERCEIRO SETOR NA EUROPA 89
   6.8 A NECESSIDADE DE ESTATÍSTICAS SOBRE A ECONOMIA SOCIAL 92
   6.9 FINALIDADE E DESAFIOS DO ESTUDO 93
   6.10 SÍNTESE DOS RESULTADOS DO ESTUDO 93

CAPÍTULO VII
LEGISLAÇÃO 103
   7.1 LEGISLAÇÃO DO TERCEIRO SETOR 103

CAPÍTULO VIII
VENTURE PHILANTHROPY 113
   8.1 DO QUE SE TRATA *VENTURE PHILANTHROPY* 113
   8.2 DIFERENÇAS ENTRE O INVESTIMENTO SOCIAL PRIVADO
   TRADICIONAL E O *VENTURE PHILANTHROPY* 115
   8.3 O QUE MUDA COM O *VENTURE PHILANTHROPY*? 117

CAPÍTULO IX
A SOCIEDADE CIVIL E A POLÍTICA 121
   9.1 O FORTALECIMENTO DA SOCIEDADE CIVIL NA POLÍTICA 121

CAPÍTULO X
A CRISE DA PANDEMIA E O TERCEIRO SETOR 125
   10.1 O TERCEIRO SETOR E A PANDEMIA DO CORONAVÍRUS 125
   10.2 AS PESTES OCORRIDAS NO MUNDO E SUAS CONSEQUÊNCIAS 128
   10.3 O TERCEIRO SETOR SE DESTACANDO 133

CAPÍTULO XI
A SUSTENTABILIDADE DO TERCEIRO SETOR 139
- 11.1 ENTÃO, O QUE É SUSTENTABILIDADE? 139
- 11.2 POR QUE SUSTENTABILIDADE? 142
- 11.3 O TEMPO DE DECOMPOSIÇÃO DOS PRODUTOS 143
- 11.4 O *TRIPLE BOTTOM LINE* 145
- 11.5 CRITÉRIOS DE SUSTENTABILIDADE 148
- 11.6 SUSTENTABILIDADE DO TERCEIRO SETOR 155

CAPÍTULO XII
FORMAS DE CAPTAÇÃO DE RECURSOS 167
- 12.1 POR QUE FALAR DE ECONOMIA SE O ASSUNTO É CAPTAÇÃO DE RECURSOS? 170
- 12.2 HÁ ESTRATÉGIAS PARA CAPTAR RECURSOS? 174
- 12.3 EMENDAS PARLAMENTARES... 176
- 12.4 COMO A CORRUPÇÃO PREJUDICA E MUITO AS POLÍTICAS PÚBLICAS 182
- 12.5 ONDE SE ENCONTRA O PRINCÍPIO DA HONESTIDADE 186
- 12.6 O QUE TEM A VER A DEMOCRACIA COM CAPTAÇÃO DE RECURSOS 192

REFERÊNCIAS 201

CAPÍTULO I

TERCEIRO SETOR

> *"A ignorância é maldição divina, o conhecimento a asa com que voamos para o céu"*
>
> (William Shakespeare)

1.1 ORIGEM DO TERCEIRO SETOR

Ouvimos muito falar sobre Terceiro Setor, mas por que Terceiro Setor? Se estamos falando sobre Terceiro Setor é porque, logicamente, existe o primeiro e o segundo setor. Quem são esses setores? Como eles surgiram? O que cada um faz? Quais as características do Terceiro setor? Qual seu cenário atual? Ou seja, são tantas perguntas e esperamos poder respondê-las neste livro, buscando dividir nossos conhecimentos e os levando cada vez mais longe, difundindo o Terceiro Setor que é tão pouco entendido em todo seu potencial.

Terceiro setor ainda sem reconhecimento e percepção de sua importância, apesar de seus séculos de criação ou, melhor, que se referem desde meados do século XVI, isso nos leva a refletir que ou governo em geral ainda não o entendeu ou sempre o enxergou como um concorrente e não como um parceiro. Para justificar tal afirmação, precisamos esclarecer *quando* e *por que* foi fundada a primeira entidade sem fins lucrativos na história do Brasil. Quando? Em 1543, em Santos, interior de São Paulo (SP), foi fundada a Santa Casa de Misericórdia, apoiada pela Igreja Católica, a primeira Instituição do Terceiro setor ou ONG, mesmo ainda não reconhecida como tal.

E por quê? Porque tinha como objetivo atender aos pobres que se encontravam doentes ou abandonados sem atendimento nenhum, à mercê de sua própria sorte. Depois, passaram também a ser atendidas as pessoas que se encontravam excluídas do convívio social, ou seja, pessoas abandonadas e marginalizadas, como idosos e crianças, criminosos e doentes mentais. Desde o período colonial até os dias de hoje, a Santa Casa de Misericórdia ainda encontra-se atuante e deu tão certo na época que foi constituída Irmandade da Santa Casa de Misericórdia no Brasil. Posteriormente, foram criadas outras, como a Santa Casa de Misericórdia, e em outros estados, como: Bahia, Espírito Santo, Rio de Janeiro, Olinda, São Paulo e Belém. Elas são consideradas as primeiras instituições hospitalares do país a atenderem aos mais necessitados e continuam até os dias atuais em suas missões.

Passou-se muito tempo para começar a compreender esse setor tão diferenciado e tão próspero.

Na década de 1970, começou a ser tratado e discutido o tema sobre o Terceiro Setor e sua relevância na sociedade como um todo.

Primeiramente, nos Estados Unidos, designado com a expressão logicamente em inglês, *Third Sector (nonprofit organizations)* ou setor voluntário (*voluntary sector*), traduzindo, Terceiro Setor, organizações sem fins lucrativos ou organização não governamental, tendo como finalidade a denominação das instituições que desenvolviam serviços públicos de forma voluntária, que eram justamente, as instituições particulares com objetivo de atendimento público, como: hospitais, igrejas, universidades, centros de atendimentos sociais e outras organizações correlatas.

Já no início dos anos 80 esse setor passou a ter notoriedade na Europa, logo, passou a ser examinado e adotado pelos europeus, especialmente, relacionando-o à caridade e à filantropia. No Reino Unido, a expressão usada é *charities* (caridade), concernente ao viés religioso e de suas primeiras atuações comunitárias. Na Europa Continental, foi utilizada a terminologia, "organizações não-governamentais" (NGOs ou ONGs), muitas dessas organizações europeias, principalmente nas décadas de 1970 e 1980, promoveram projetos de desenvolvimento em parceria com diversos países de Terceiro Mundo, envolvendo as mais variadas áreas de atuação.

Todo esse movimento estava relacionado aos movimentos associativistas operários da primeira metade do século XIX, na Europa, que foi manifestado em uma dinâmica de resistência popular, aflorando, dessa forma, uma troca imensa de experiências solidárias amplamente influenciadas pelas aspirações de apoio mútuo, da colaboração e da parceria.

No Brasil, como tudo é lento e gradual, o Terceiro Setor foi lentamente desenvolvendo-se, nos meados dos anos 60, especificamente, durante o regime militar que foi instaurado em 1 de abril de 1964 até 15 de março de 1985. Foram 21 anos e 5 mandatos sob comando contínuo dos governos militares, um período muito tenso da nossa história, pois ficou marcado pela falta de liberdade pessoal, pelo uso de tortura contra os oponentes políticos e pela prática de terrorismo de Estado. Foi justamente nesse período que houve um fortalecimento do Terceiro Setor, no qual surgiram grupos que se opunham às práticas autoritárias desse regime, que, mesmo camuflados, lutavam pelos direitos sociais das pessoas. Surgiram movimentos sociais e as organizações não governamentais que se organizavam na luta por novos espaços de livre-arbítrio, contra a pobreza, o desemprego e em favor da democracia em nosso país.

Todo esse empenho levou o país a enfrentar uma trajetória de passar de uma condição de um regime autoritário para o democrático, no qual a população voltou a exercer seus direitos garantidos pela Constituição federal, o que veio a complementar com a nova Constituição de 1988, conhecida também como "Constituição cidadã", uma vez que foi idealizada durante processo de redemocratização e que veio assegurar melhorias relacionadas aos direitos de cidadania política, descentralização na promoção de políticas sociais, garantias constitucionais e permissão da participação do Poder Judiciário sempre que houver lesão ou ameaça de lesão aos Direitos Humanos.

Em consequência de toda essa trajetória que o Brasil perpassou nos anos 80, com o surgimento dos movimentos sociais e o processo de democratização, especialmente, devido à exclusão social gerada tanto pela redução da intervenção do Estado nas demandas sociais, na redemocratização do país, no declínio do modo intervencionista do Estado, quanto pelo modo de produção capitalista abalizado no modelo neoliberal, foi que as organizações do Terceiro Setor começaram a crescer em suas articulações e conseguiram mais relevância social, devido à ineficiente performance do Estado.

Falamos sobre o modelo neoliberal. Ouvimos muito sobre isso. O que será? É um modelo que defende a liberdade do mercado e a intervenção mínima do Estado sobre a economia, atuando apenas nos setores imprescindíveis e de maneira bem restrita. Segundo Duarte (2007, p. 26): "O Estado neoliberal é caracterizado como mantenedor do domínio de uma classe sobre a outra e por um declínio do Estado social". Para Behring (2003):

> [...] as políticas sociais nesse modelo são transformadas em ações pontuais e compensatórias. Além disso, esse sistema é muito criticado por beneficiar principalmente grandes potências econômicas e empresas multinacionais. Os países em desenvolvimento sofrem as consequências do neoliberalismo através do desemprego, baixos salários, aumento da desigualdade social e dependência do capital externo.

É um modelo político de economia capitalista que defende a participação mínima na economia e a total liberdade do comércio, com a finalidade de avalizar o crescimento econômico, desenvolvimento social do país, a privatização das empresas estatais, o que leva a diminuição da prestação dos serviços públicos, ocasionando poucos investimentos nas diversas áreas, especialmente, na educação, saúde e assistência social.

Isso levou a um desacordo da política do Estado de bem-estar social, fundamento básico da democracia social.

Em decorrência de tudo isso, evidenciou-se o grande crescimento da desigualdade social, da violência, desemprego, baixos salários, falta de políticas públicas no campo da saúde, educação, alimentação, lazer, cultura, moradia, esporte, assistência social etc.

Logo, o Terceiro Setor surgiu como uma alternativa estratégica para atuar nessas diversas áreas que estão excluídas das políticas públicas do estado.

Foi justamente nos anos 90 que começou o reconhecimento e a importância do Terceiro Setor, surgindo, assim, um setor inovador e com *know--how* ao enfrentamento no combate às injustiças sociais, caracterizando-as como parceiras no desenvolvimento das políticas públicas governamentais. Consequentemente, foram criadas as mais diversas entidades caritativas ou filantrópicas, sempre com o intuito de atender às necessidades da população brasileira, que se encontrava desassistida pelo governo, pois, mesmo que o governo queira chegar a essas demandas, é improvável que ele consiga. Sendo que as organizações do Terceiro Setor são criadas na comunidade onde está inserida, assim, ela está muito mais preparada para saber o que, como e por que ela precisa de tal atendimento. Vamos a seguir relacionar uma cronologia de algumas organizações Terceiro Setor que até os dias atuais se mantêm relevantes à sociedade.

Em 5 de dezembro de 1908, chegou ao Brasil a Cruz Vermelha, que é uma organização humanitária que surgiu em 1863, em Genebra, na Suíça, criada pelo suíço Henri Dunant. Seu objetivo é garantir a proteção e a assistência às vítimas de conflitos armados e tensões. Se nos atentarmos para o tempo que levou para surgir outra entidade filantrópica no Brasil, foi 365 anos, conforme os anais históricos.

Em 17 de abril de 1910, chegou ao Brasil o Movimento Escoteiro, fundado em 1907, pelo general Robert Baden-Powell, na Inglaterra, ele empregou os métodos militares positivos de fomento à camaradagem, à autodisciplina, à coragem e à iniciativa, para ser empregado no desenvolvimento dos jovens, criando, assim, um movimento educacional.

Em 28 de agosto de 1942, foi fundada pela então primeira-dama do Brasil, Darcy Vargas, a Legião Brasileira de Assistência (LBA), um órgão assistencial público brasileiro, com o objetivo de ajudar as famílias dos soldados enviados a Segunda Guerra Mundial, contando com o apoio da Federação das Associações Comerciais e da Confederação Nacional da Indústria.

Em 5 de fevereiro de 1950, em Belém, no Pará, foi fundada a Instituição Pia Nossa Senhora das Graças, como objetivo de abrigar crianças e adolescentes abandonadas e abusadas por membros da família. Posteriormente, ela passou a atender crianças e adolescentes em situação de vulnerabilidade social e suas famílias, com projetos que envolvem o ensino informal, como: balé, dança, sapateado, futsal, voleibol, basquete, teatro, jiu-jitsu, canto, leitura e artesanato e alimentação.

Em 11 de dezembro de 1954, foi fundada, no Brasil, a Associação de Pais e Amigos de Excepcionais (Apae), criada por Beatrice Bemis, membro do corpo diplomático norte-americano, procedente dos Estados Unidos e mãe de uma portadora de Síndrome de Down. O objetivo é a promoção e articulação de ações em defesa dos direitos das pessoas com deficiência, assim como buscar melhoria da qualidade dos serviços prestados pelas Apaes, na perspectiva da inclusão social de seus usuários.

Em 1983, foi criada pela Conferência Nacional dos Bispos do Brasil (CNBB), ligada à Comissão Episcopal para o Serviço da Caridade, da Justiça e da Paz, a Pastoral da Criança, uma entidade social com a finalidade de treinar líderes comunitários voluntários para combater a mortalidade infantil, comandada pela médica sanitarista Zilda Arns, morta no Haiti, em no dia 12 de janeiro 2010, ela foi vítima de um terremoto, quando tentava socorrer a população local. Na época, o índice de mortalidade infantil no Brasil era astronômico, 127 crianças em cada mil nascimentos. Um ano depois da Pastoral da criança ser implantada, esse indicador surpreendentemente havia diminuído para 28 crianças entre cada mil que nasciam.

Hoje, tem em média 260.000 voluntários que se comprometem em colaborar para o desenvolvimento qualitativo de aproximadamente 1,8 milhões de crianças na faixa de 0 a 6 anos; de 94 mil mulheres grávidas que integram os grupos de 42 mil famílias carentes, em 3.316 cidades, representando 60% do território brasileiro. São 2.500 líderes voluntários que atuam em todos os municípios do Estado. E mais, a Pastoral da Criança junto à Igreja do Brasil, dioceses, paróquias, associações, novas comunidades e institutos são exemplos de um exército de caridade que atua no Brasil. Dessa forma, unida a 21 pastorais sociais estruturadas nacionalmente, as obras sociais da Igreja chegam a 499,9 milhões de atendimentos, aproximadamente, 39,2 milhões de pessoas e 11,8 milhões de famílias, segundo a Coordenadora Nacional da Pastoral da Criança, Irmã Veneranda da Silva Alencar. Somente no período da pandemia que começou em 2020, são mais de 100 mil voluntários da Pastoral da Criança mantendo os atendimentos a mais 521 mil famílias, com todas as proteções necessárias. Essa é a importância dessa Pastoral.

Em 1993, o sociólogo Herbert de Souza, conhecido como Betinho, fundou a Ação da Cidadania contra a Miséria e pela Vida, criando uma imensa rede de mobilização de alcance nacional com objetivo de ajudar mais 32 milhões de brasileiros que, segundo o Ipea, estavam abaixo da linha da pobreza, tornando-se o movimento social mais reconhecido do Brasil. Sua atitude acabou transformando-se no símbolo de cidadania no Brasil e junto à sua campanha contra a fome, como ficou popularmente conhecida. O que poucos sabem é que, apesar de o Betinho ser hemofílico, que é uma doença genético-hereditária, ele conseguiu mobilizar toda a sociedade brasileira para enfrentamento da pobreza e das desigualdades sociais. Morreu deixando um exemplo do que é solidariedade e, principalmente, o combate pela transformação social.

Sabe aquela expressão "**Quem tem fome tem pressa**"? Foi Betinho que pronunciou no século passado, porém a luta continua a mesma, a situação degradante do povo brasileiro também. Inclusive, essa frase do Betinho ainda é tão atual em pleno século XXI, em exatos 2021, que se encaixou perfeitamente nesse momento da pandemia do coronavírus, que já matou no mundo mais de 15 milhões de pessoas. Só no Brasil foram 710.704 mortes. Uma situação devastadora para todos, na qual o desemprego e a fome alcançaram níveis alarmantes.

Em 12 de janeiro de 1995, foi criado no mandato do presidente da República Fernando Henrique Cardoso o Programa Comunidade Solidária, estabelecido pelo Decreto n.º 1.366, para o enfrentamento da fome e da miséria, estando vinculado diretamente à Casa Civil da Presidência da República, presidido pela então primeira-dama do país, Dr.ª Ruth Cardoso, que era antropóloga, sendo reconhecida nacional e internacionalmente no mundo acadêmico e social. Ela lutou bravamente para que esse programa de governo fosse criado, servindo como uma ferramenta de combate à pobreza, à desigualdade e à exclusão social no Brasil, por meio da promoção de políticas públicas em parcerias entre o Estado e sociedade civil e, assim, fortalecendo o Terceiro Setor.

O Programa Comunidade Solidária tinha como objetivo a promoção da alfabetização solidária, para o combate do analfabetismo no Brasil. Para tanto, eram desenvolvidas parcerias entre o governo federal, por meio do Ministério da Educação (MEC), as universidades brasileiras, os municípios interessados e as grandes empresas. Abrangia, ao mesmo tempo, a Capacitação Solidária, que proporcionava cursos de formação e capacitação para jovens de 14 a 21 anos que viviam em situação de pobreza. Foi realmente o primeiro projeto de cidadania no Brasil, desenvolvido por uma primeira-dama, Dr.ª Ruth Cardoso. Ela era completamente envolvida com políticas sociais, seja com a Comunidade Solidária ou, posteriormente, com o Comunitas, que é uma "organização da sociedade civil brasileira que tem como objetivo contribuir para o aprimoramento dos investimentos sociais corporativos e estimular a participação da iniciativa privada no desenvolvimento social e econômico do país. Segundo https://comunitas.org.br/

Assim, ela gradualmente estabelecia uma forma inovadora de assistência no país, transformando, especialmente, a forma como era considerada a ação social pela sociedade. O programa encerrou-se em dezembro de 2002, sendo suprido pelo Programa Fome Zero.

Em 19 de fevereiro de 1998, foi promulgada a Lei 9.608, conhecida como a Lei do Voluntariado. Seu maior objetivo é o fortalecimento e a promoção do voluntariado no Brasil.

> Em seu Art. 1º, considera-se serviço voluntário, para os fins dessa lei, a atividade não remunerada prestada por pessoa física à entidade pública de qualquer natureza ou a instituição privada de fins não lucrativos que tenha objetivos cívicos, culturais, educacionais, científicos, recreativos ou de assistência à pessoa.
>
> Parágrafo único. O serviço voluntário não gera vínculo empregatício, nem obrigação de natureza trabalhista previdenciária ou afim.
>
> Art. 2º O serviço voluntário será exercido mediante a celebração de termo de adesão entre a entidade, pública ou privada, e o prestador do serviço voluntário, dele devendo constar o objeto e as condições de seu exercício. Segundo

> palavras do Presidente Fernando Henrique Cardoso Discurso na cerimônia de sanção da Lei do Serviço Voluntário. 1º Semestre – 1998.
>
> Quem imaginar que o Estado vai suprir todas as lacunas existentes também está tão equivocado quanto aqueles que imaginam que o mercado é suficiente para definir as regras de organização da sociedade contemporânea. Nem o Estado é suficiente, nem o mercado o é. Ambas são, entretanto, partes que compõem esse mundo contemporâneo. O que há de novo nele é, precisamente, o terceiro setor. O que há de novo nele é que existem formas dinâmicas, na sociedade, de controle social, de organização de objetivos e até mesmo de generosidade e de solidariedade, que não decorrem nem do princípio racionalizador do mercado, nem do princípio autoritário de distribuição do Estado. São energias novas, cada vez mais incorporadas à fisionomia das sociedades contemporâneas. Trata-se de organizar, criar instrumentos e arenas que possibilitem, de maneira mais adequada, a canalização dessas energias novas da sociedade.
>
> O Estado tem que se ocupar disso, e vai continuar se ocupando disso, mas sabendo que, ainda assim, o Estado não terá condições e os governos, por mais que eles se organizem - e têm que se organizar e têm que se entrosar em nível municipal, em nível estadual, em nível federal, e esses vários níveis têm que se entrosar com a sociedade civil -, por mais que eles façam, não serão suficientes para atender à multiplicidade de problemas e de programas que devem existir para enfrentar esses problemas na sociedade brasileira. Nós precisamos muito mais do que isso. O trabalho voluntário, pode e vai atender aos que mais necessitam, naquilo que, naquele momento, parece ser o mais importante, concentrando os esforços naquilo que parece, aos que estão organizados para atender a esses problemas, como o essencial.

Estamos assistindo à formação do que se costuma chamar de Terceiro Setor: formas de associação, formas de sociabilidade que não se restringem à dicotomia clássica entre Estado e sociedade civil, à antiga. É a sociedade civil moderna, ou seja, não apenas os setores produtores da sociedade civil no sentido mais amplo.

1.2 FORMAS DE SOCIABILIDADE

Surgem, assim, novas formas de sociabilidade, nas quais percebemos a extrema relevância da Lei 9.608, de 1998, uma vez que ela traz a legalização do serviço voluntário no país, desobrigando as entidades filantrópicas das obrigações trabalhistas e previdenciárias, pois existiam pessoas que de má-fé que se ofereciam para trabalhar como voluntárias em determinada entidade e, depois de certo tempo, procuravam a delegacia do trabalho, denunciando que não eram remuneradas naquela organização. Isso induzia muitas instituições a pagar multas sem ter condições nem mesmo para se manter ou sustentar sua missão filantrópica. A visão da criação dessa lei trouxe grandes conquistas para o Terceiro Setor, pois com ela percebemos não apenas sua expansão, mas também um amplo amadurecimento dele no Brasil.

Com seu reconhecimento, essas organizações buscaram tornar-se mais estruturadas, articuladas e focadas em seus objetivos. Cresceram, profissionalizando-se e entendendo que, na realidade, são uma empresa, com a diferença de ser uma entidade social sem fins econômicos, mas que também têm seus objetivos, missão (sua razão de existir), visão (o caminho que norteará suas ações estratégicas) e valores (as regras de conduta a serem seguidas pela entidade na execução de sua missão), ou seja, como qualquer outra empresa.

Contudo, uma de suas maiores conquistas foi a mobilização do Terceiro Setor para debater e requerer uma legislação adequada à sua formação e que permitisse novas formas de parceria entre o Estado e o Terceiro Setor, criando, assim, o Termo de Parceria. Existem ainda muitos desafios? Claro que sim.

Por exemplo, que os governos entendam que Parceria é um instrumento de participação correlata ou convergente, que seja interessante aos dois lados e não apenas para um, e que o Terceiro Setor é em seu fundamento um setor atuante, tem *know-how* para aquele atendimento que se propõe naquela comunidade e que formar parceria com ele sairia bem menos oneroso aos cofres públicos do que implantar o mesmo serviço, no mesmo local, sem a qualificação da entidade inserida, mesmo porque a filantropia vem carregada de amor, atenção e coletividade junto à sua missão.

Existem outros exemplos a serem citados? Lógico que sim.

Porém fizemos questão de demonstrar cronologicamente como o sentido de caridade foi se transformando em filantropia para chegarmos à denominação de Terceiro Setor, pois existe uma diferença entre a caridade e a filantropia e ela está principalmente em seus objetivos.

Faz-se uma metáfora simples para descrever a diferença, na caridade: você pesca, cozinha e dá de comer ao indivíduo; na filantropia: você dá a vara e ensina o indivíduo a pescar. Na caridade: favoreço aqueles que estão necessitando de algo; na filantropia: presta ajuda, mas procura uma maneira de como a família possa se reerguer ou recuperar-se. Logo a filantropia vai muito além da caridade: abrange esforços para gerar um revigoramento do indivíduo, família e automaticamente da sociedade. Esse é um dos papeis principais do Terceiro Setor.

CAPÍTULO II

O QUE É O TERCEIRO SETOR

2.1 FUNDAMENTAÇÃO DO TERCEIRO SETOR

O Terceiro Setor é o conjunto de organizações não governamentais e sem fins econômicos que tem como finalidade a prestação de serviços públicos, muito conhecidas também como ONGs. Essas organizações não governamentais, como já é designadas, não pertencem ao governo, porém elas vêm se destacando por serem aquelas que compreendem e englobam todas as organizações privadas, sem fins econômicos e com finalidade pública, tais como são denominadas: entidades filantrópicas, religiosas, fundações de direito público ou privado, entidades de assistência social e benemerência, institutos, organizações não governamentais (ONGs), associações culturais, educacionais e comunitárias e as demais organizações em defesa dos direitos civis, do bem-estar social e da cidadania.

Essas organizações têm grande diversidade, tanto na sua forma de atuação, tamanho organizacional, assim como no seu objetivo institucional, mas que procuram, dentro desse contexto, desenvolver o resgate da cidadania, articulando ações sociais e que têm como característica arregimentar recursos com práticas de trabalhos voluntários, doações e parcerias intersetoriais.

Elas não estão sujeitas ao controle político direto, como é o caso do Estado (Primeiro Setor) e suas organizações públicas, e nem distribuem lucros a seus proprietários e acionistas, como é o caso do Mercado e suas organizações privadas (Segundo Setor). Assim sendo, vem se configurando um setor público que não é estatal e de iniciativa privada, mas com sentido público, que tenta suprir o GAP entre o Estado e o Mercado, e se revela essencial à sociedade por oferecer um trabalho na produção de bens e serviços públicos, estabelecendo novos padrões de relacionamento com os setores mais populares. Embora com essa denominação de Terceiro Setor seja algo ainda novo e desconhecido para muitas pessoas, ele vem se impondo e crescendo, desenvolvendo-se e atuando progressivamente num espaço que deveria ser de responsabilidade e ocupação do Estado.

Mesmo que, muitas vezes, não tenham o reconhecimento pelo governo, seja ele federal, estadual ou municipal, de como ele vem colaborando de maneira grandiosa no desenvolvimento de políticas públicas essenciais à população, visto que ele tem assumido uma grande importância como alternativa de organização social, prestando serviços de políticas públicas dentro das mais diversas áreas, como educação, saúde, direitos humanos, ensino informal, cultura, lazer, meio ambiente, habitação, entre outras.

Esse é o setor que está mudando a cara do Brasil, porque, aos poucos, a iniciativa privada e a sociedade estão se envolvendo nessa prática social, que está se tornando um diferencial para algumas organizações no país.

Segundo Thompson (1997, p. 41) "Terceiro Setor, numa definição mais simplista, diria que se trata de todas aquelas instituições sem fins lucrativos que, a partir do âmbito privado, perseguem propósitos de interesse público".

Além disso, podemos considerar o desenvolvimento de uma cultura organizacional bem diferenciada, se levarmos em conta que, na gestão da organização pública, seu foco é pela manutenção do poder e da organização privada, sua base é o lucro; enquanto, nas organizações do Terceiro Setor, a administração é baseada na solidariedade, pois seu objeto de atenção é a comunidade e o seu objetivo o atendimento de necessidades sociais.

É importante ressaltar, ainda, que esse setor independente e voluntário está atingindo um alto crescimento, por ser dos três setores o mais responsável no sentido de atender às aspirações e necessidades de milhões de pessoas, não só no campo educacional ou social, mas atuando, também, na preservação ambiental, reabilitação de idosos, necessidades especiais, drogados, proteção a índios, animais e outras minorias; mas, principalmente, proporcionando um exercício de cidadania a um povo que clama por justiça social, porque uma das características desse setor é desenvolver um trabalho, por meio de ações e recursos humanos voluntários.

A maioria das pessoas que nele trabalham são motivadas por uma grande manifestação de filantropia na prática da participação voluntária, talvez até buscando fortalecer o seu lado espiritual, mas nunca essa motivação é por recurso financeiro ou material, o que normalmente ocorre nos outros setores.

Segundo Rifkin (1995, p. 261),

> A visão do Terceiro Setor oferece um antídoto muito necessário ao materialismo externo que tanto dominou o pensamento industrial do século XX. Enquanto os trabalhadores no setor

privado estão motivados pelos ganhos materiais e encaram a segurança em termos de maior consumo, os participantes do terceiro setor são motivados pelo serviço ao próximo e encaram a segurança em termos de relacionamentos pessoais fortalecidos e de um senso de assentamento na comunidade terrestre.

Não foi fácil e continua não sendo fácil para o Terceiro Setor se posicionar no Brasil da maneira como ele deve ser visualizado, pois é um setor que tem uma visão mais abrangente e holística da sociedade como um todo. É ele que está na linha de frente dos mais excluídos. Ele chega com mais eficiência exatamente onde o governo não consegue chegar com suas políticas públicas, as quais se tornam ineficientes e desnecessárias, quando chegam, e se chegam, àquela população ou ambiente.

Mesmo ele tendo adquirido forças com a credibilidade e a mobilização da "sociedade civil" brasileira ativa, que se preocupa com o aumento da miséria e o sofrimento dos abandonados à sua própria sorte, esses hoje somam, em pleno 2021, segundo dados divulgados pelo Instituto Brasileiro de Geografia e Estatística (IBGE), em 12/11/2020, cerca 52 milhões de brasileiros que sobrevivem com uma renda mensal de R$ 436,00. O Brasil tem mais de 13,5 milhões de pessoas que se encontram na extrema pobreza, isto é, são aqueles que, segundo o Banco Mundial, sobrevivem com até R$ 151,00 por mês.

Para termos ideia do quão é desesperador e degradante essa situação absoluta de carência social e econômica no Brasil, o nosso país se encontra no ranking internacional da desigualdade, ocupando a posição 156, abaixo de Botsuana, na África, Colômbia e México. Mais ainda, o país tem mais miseráveis do que a soma de todos os habitantes de países como Portugal, Bélgica, Cuba ou Grécia, segundo o jornal *O Estado de São Paulo*, de 06/11/2019. Esses dados somados nos mostram que quase 1/3 da população brasileira encontra-se às margens da sobrevivência humana, sendo justamente um contraste para um país tão rico em extensão territorial, minérios, agricultura, pastos, rios e outros recursos naturais e tendo esses tantos brasileiros e brasileiras vivendo nessas condições tão mortificadoras.

Fico indignada quando vejo o executivo lotear cargos do governo e valores financeiros públicos para interesses próprios, transferindo enormes quantias que somam ao Centrão, composto por parlamentares que apoiam o governo executivo um orçamento de até R$ 78,1 bilhões, sendo mais, com as emendas parlamentares indicadas pelo Congresso para o orçamento. Para o ano de 2021, o orçamento é de R$ 48,8 bilhões, valor recorde e que supera o de todos os anos anteriores.

Esses recursos públicos são indicados transferidos para deputados e senadores diretamente para investirem em obras e projetos em seus próprios redutos eleitorais.

Somente em 2020, foram de R$ 15,9 milhões por parlamentar, o que significa que o destino de R$ 9,5 bilhões será sempre decidido pelos 513 deputados e 81 senadores da federação.

Creio que é muito recurso público que não chega até a população, senão não teríamos tanta pobreza e miséria neste país. E nos perguntamos: como não haver miséria e violência? Como podemos pelo menos imaginar a possibilidade de melhorar os índices de desigualdade em um país tão desigual? Onde o governo não demonstra competência suficiente de criar políticas públicas eficientes nas áreas mais básicas, como a saúde, educação e segurança para a sociedade. Onde percebemos diariamente acompanhando as mais diversas mídias que a câmara dos deputados e o congresso nacional estão mais preocupados em resolver problemas de seus próprios interesses ou dos seus partidos do que a situação humilhante em que se encontra a população brasileira. Onde o poder judiciário na maioria das vezes está em conivência explicita com sujeitos dos poderes legislativos e executivo, e isso é no mínimo antiético.

Sabemos que os três poderes têm que ser harmônicos entre si, isso está na nossa Constituição, mas não mancomunados, defendendo interesses puramente individuais e não coletivos.

Charle Montesquieu (1689-1755), uma das principais referências do iluminismo francês, foi o responsável por estabelecer o exemplo político a ser implantado e que o definiria como Estado Democrático de Direito, ou seja, o Estado Cidadão. Para tanto, ele propôs a divisão dos três poderes concentrados unicamente com o rei, que, com sua proposta, passaria essa fonte de poder para o povo, porém precisava ser dividido em três competências distintas e, dessa maneira, houvesse uma representação equilibrada. São eles:

- Poder executivo: sua função seria gerenciar o Estado, pondo em prática as leis aprovadas pelo legislativo.

- Poder legislativo: sua função consistiria em elaborar as leis que viessem ao encontro das necessidades do povo.

- Poder judiciário: sua função constituiria na apreciação e julgamento dos fatos, segundo o ordenamento jurídico.

Foi o modelo que preponderou no mundo com o Estado Democrático de Direito ou Estado Cidadão, dentre os séculos XIX e XX, e sabemos que precisa ser continuamente aprimorado, acompanhando as mudanças e as necessidades da população, para que possa realmente oferecer a justiça e igualdade quem tem direito, a sociedade.

Segundo o próprio Charles Louis de Sencondat Montesquieu, pensador francês, em seu livro *O Espírito das Leis* "A corrupção dos governantes quase sempre começa com a corrupção dos seus princípios." Essa é a mais pura verdade, ninguém se corrompe se não quiser ou se tem princípios e valores pessoais.

Nesse caso particular, podemos inclusive citar a nossa Constituição Federal de 88, que em seu artigo 2º, que relata: "São Poderes da União, independentes e harmônicos entre si, o Legislativo, o Executivo e o Judiciário". Porém, é lamentável o que acompanhamos nas mídias todos os dias, uma disputa de poder entre os poderes ou os poderosos, numa troca constante de favores pessoais entre os indivíduos dos poderes, sem se importarem se estão cumprindo ou rasgando a própria Constituição Federal. É uma pena que chegamos ao ponto de avaliar se realmente o que estamos presenciando é a união dos poderes ou dos indivíduos que os representam. De que maneira essa independência e harmonia existe? Pois o que testemunhamos é que as leis determinam algo, mas a realidade nos mostra outras completamente diferentes.

Para enfatizar um pouco mais sobre esse tema, citarei o artigo "Brasil: a imperfeita separação dos poderes", escrito por Luiz Felipe de Seixas Corrêa, do *El Pais*, em 2018. Nele consta que

> Em nosso país, vivemos uma situação na qual o Judiciário legisla, o Executivo julga e o Legislativo executa. E onde, da mesma forma, o Executivo entra em choque com o Legislativo, que por sua vez, se acha competente para desfazer sentenças judiciais. Há vários exemplos recentes dessa confusão. O que mais chamou a atenção talvez tenha sido o decreto de indulto que saiu do Palácio de Planalto às vésperas do Natal. Menos daninho porque menos abrangente, mas igualmente escandaloso, foi a interferência do legislativo carioca na ordem de prisão do seu presidente e de dois de seus comparsas. Há ainda o caso, desta vez dentro do mesmo poder

mas em instâncias diferentes, do ministro do Supremo que manda soltar um amigo seu condenado em 1ª instância. Esses exemplos não esgotam os casos ocorridos. São apenas os que mais chamaram a atenção por sua ousadia e pelo descaso com a opinião pública.

Ainda segundo Corrêa:

> Acredito que se Montesquieu pudesse ver o que está se passando no Brasil do século XXI, felicitar-se-ia pela sua clarividência. Nossa situação é a prova contrario sensu da absoluta necessidade de se respeitar a separação e a independência dos três poderes. Nos Estados Unidos, exemplo de democracia por excelência, ora testada inclusive pelo atual governo que quer livrar-se dos constrangimentos da Constituição, observa-se rigorosamente o princípio da separação dos poderes, mas existe, para evitar os abusos de poder de cada setor, o mecanismo dos checks and balances (pesos e contrapesos), através do qual os poderes podem controlar-se uns aos outros, dentro de suas competências.

Continuando com seu relato:

> Atualmente no Brasil, a separação dos poderes se dilui na prática: o controle de um sobre as ações de outro é relativo. Há vários casos, como o da nomeação de uma ministra do Trabalho condenada em ações trabalhistas e de um diretor do Detran que perdeu a carteira por repetidas infrações às leis do tráfego.
>
> Justificativas absurdas como, por um lado, que é constitucional que o presidente nomeie quem quiser, ou, por outro, dizer que um diretor de Detran não precisa ter carteira de motorista válida, demonstram a absoluta falta de decoro e de compostura dos nossos governantes
>
> Infelizmente, enquanto imperarem no Brasil, como motores da vida política, os interesses particulares, a ganância, a corrupção; enquanto não se instaurar uma austeridade absolutamente necessária para evitar que realizações inúteis e mirabolantes, mas que oferecem oportunidades políticas e de enriquecimento ilícito, se sobreponham a projetos destinados a melhorar as condições de vida no país, como são os ligados à educação e saúde, enquanto, enfim, confundam-se meios e fins, e as ações de cada poder sejam guiadas exclusivamente pelos interesses de seus integrantes e não pelo interesse

público, não há como mostrar-se otimista quanto a nosso futuro institucional.

Fiz questão de transcrever esse diálogo do Luiz Felipe Corrêa, porque ele nos demonstra a real posição na qual nos encontramos. E pergunto: de que maneira irão se preocupar com as necessidades da população ou de estratégias de políticas públicas que venham ao encontro de minimizar a carência de 1/3 da população brasileira com o mínimo necessário, se estão preocupados com seus próprios interesses? É justamente nessas ocasiões que o Terceiro Setor está sempre presente e buscando formas para suprir tais interesses. É claro e evidente que, infelizmente, enquanto prevalecerem em nosso país interesses escusos individuais e a corrupção, não teremos condições nenhuma de ver respeitada a nossa Constituição Federal e, congruentemente também, os nossos direitos como cidadãos irão prevalecer sobre todas essas ilicitudes.

A sociedade brasileira ergue a bandeira do Terceiro Setor que se transformou em uma pluralidade de organizações e iniciativas sociais, que elencam as mais diferenciadas áreas, englobando saúde, educação, combate à fome e à miséria, preservação ambiental, prostituição infantil, necessidades especiais, moradores de rua, atendimento ao idoso, ao portador de Aids, de câncer e muitas outras, ganhando cada vez mais visibilidade por agir de formas diferenciada nessas questões que se encontram a carência de atendimento. Ele tem um papel único na mobilização de recursos humanos e materiais econômicos e financeiros para encarar os desafios de combate à pobreza, à exclusão e à desigualdade social.

Segundo Marçal Justen Filho, mestre e doutor em Direito do Estado pela PUC-SP, autor de diversos livros: "A sociedade tornou-se muito mais complexa para que as suas necessidades sejam satisfeitas exclusivamente por parte do Estado".

> A cidadania impõe que os indivíduos e as empresas se organizem e atuem concretamente para minorar os problemas e combater as carências. A dignidade humana e a solidariedade são compromissos da Nação consigo mesma e não um fardo a ser carregado apenas pelas instituições financeiras governamentais (Paes, 2000, p. 46).

Segundo José Eduardo Sabo Paes (2000, p. 46), doutor em Direito Constitucional pela Universidade Complutense de Madrid, professor na Universidade Católica de Brasília e procurador de justiça do Ministério

Público do Distrito Federal, o Terceiro Setor pode ser conceituado como: "um conjunto de organismos, organizações ou instituições dotadas de autonomia e administração própria que apresentam como função e objetivo principal atuar voluntariamente junto à sociedade civil, visando ao seu aperfeiçoamento". Para o autor, uma das formas para definir o Terceiro Setor será por meio da "finalidade" e das ações com as quais se apresenta, visto que

> Essas instituições, consequências dos novos grupos da sociedade civil e dos movimentos sociais são, além de interlocutores, instrumentos para a consecução de uma nova dinâmica social e democrática, onde as relações são orientadas pelos laços de solidariedade entre os indivíduos, o espírito do voluntariado e o consenso na busca do bem comum (Paes, 2000, p. 46).

Conforme Maria Tereza Fonseca Dias, doutora em Direito pela UFMG, autora do livro *Direito Administrativo Terceiro setor e Estado – legitimidade e regulação: por um novo marco jurídico*, de 2008, "Tem-se como terceiro setor o conjunto de pessoas jurídicas de direito privado, institucionalizadas e constituídas conforme a lei civil, sem fins lucrativos, que perseguem finalidades de interesse público".

De acordo com Boaventura de Souza Santos, doutor em Sociologia do Direito pela Universidade de Yale: "São instituições que tentam realizar o compromisso prático entre a eficiência e a equidade em atividades sociais, adotando a flexibilidade operacional típica de pessoas privadas sem prejuízo da busca de equidade social inerente a qualquer instituição pública".

Essa nova ordem e poder social, que embora não sejam público e nem privado, têm um desempenho atuante e mobilizador no atendimento aos anseios das demandas sociais excluídas, em que a ação estatal é normalmente precária e ineficiente. Porém, apesar de adotar uma administração participativa, nem sempre esse setor pode se considerar autossustentável ou autossuficiente, porque na maioria das vezes trabalham sem uma receita variada, porém com uma despesa fixa, o que ocasiona uma certa instabilidade gerencial, estando sempre em busca de alavancar recursos financeiros, econômicos, humanos e tecnológicos, para que possam incorporar em suas estratégias de atuação para alcançar seus objetivos. Uma dessas questões são as parcerias por meio dos governos federal, estadual e municipal, assim como com empresas que procuram investir na responsabilidade social empresarial, em que algumas empresas começam a se destacar com esse modelo de gestão.

Esse destaque se deve aos inúmeros projetos sociais que estão sendo desenvolvidos pela iniciativa privada, formando, assim, uma grande rede de solidariedade humana. Segundo Mário Aquino Alves (*apud* Melo Neto, 1999, p. 8),

> O Terceiro Setor é "o espaço institucional que abriga ações de caráter privado, associativo e voluntarista que são voltadas para a geração de bens de consumo coletivo, sem que haja qualquer tipo de apropriação particular de excedentes econômicos que sejam gerados nesse processo.

Sua atuação é dentro de uma nova estratégia de mercado, disseminando a parceria com o governo, comunidades e empresas privadas, envolvendo o empresariado com a responsabilidade social, para assim romper com o paradigma capitalista do início do século. Um dos grandes desafios do ser humano nesse final de século é a conscientização para o fortalecimento da sociedade civil, formando uma grande rede de solidariedade e investimento social, frente ao aumento da pobreza e da desigualdade social que assola esse país, mesmo porque essa é uma das características culturais do nosso povo e do nosso tempo, o que muito sensibiliza quando o assunto se torna público.

Na trajetória da humanidade, surgiram muitos momentos em que a sociedade buscou suporte para suas lutas, em prol de uma melhor qualidade de vida, mas poucas pessoas defenderam publicamente essa causa.

Historicamente, Karl Marx transcendeu o seu tempo, pois foi o filósofo que mais se preocupou em construir uma nova sociedade, na qual todos os que trabalhassem recebessem o suficiente para viver bem. Ao retornarmos aos séculos XVII e XVIII, encontraremos, desde então, pensadores como Hobbes e Rousseau, os quais já tinham estabelecido uma visão contratual da cidadania.

Entre os séculos XV e XVIII, houve um salto muito grande em relação ao capitalismo comercial com novo modo de produção, de organização e produção do espaço geográfico mundial, que foi levado pelo europeu para vários cantos do mundo dentro da sua política colonialista, pois, antes de tudo isso começar, a terra era vista como "fonte de vida", por ter a função de produzir alimentos e matérias-primas para suprir simplesmente as necessidades de sobrevivência da sociedade.

Com a expansão comercial e o novo modo de produção, ela passou a ser vista como "fonte de lucro" produzindo e suprindo todas as necessidades do comércio realizadas entre as metrópoles, a Europa e as colônias.

Esse tipo de capitalismo foi caracterizado tanto pelo domínio da atividade comercial como pelo aparecimento do trabalho assalariado. Mas, dentro do próprio processo capitalista, houve vários estágios de mudanças, dentre os quais surgiram, além do capitalismo comercial, o industrial e, por último, o financeiro que hoje estamos presenciando.

O capitalismo industrial caracterizou-se pelo domínio da atividade industrial surgida pelas grandes inovações tecnológicas dos séculos XVIII, XIX e XX, época em que as relações assalariadas de produção consolidaram-se. Já o financeiro corresponde ao início da participação dos bancos no controle da economia industrial, formando, assim, grandes e poderosas empresas. Essa fase é também marcada pela formação monopolista e pelo enfraquecimento da livre concorrência, logo surgindo o chamado capitalismo selvagem, cuja preocupação está exclusivamente no lucro, não importando as necessidades, interesses ou participação dos funcionários ou o alto índice de desemprego que até hoje assombra a população; causando com isso uma má distribuição de renda, na qual uma pequena minoria ganha uma fortuna em dinheiro e a maioria da sociedade recebe quase nada; alguns nem emprego possuem, sendo justamente a classe excluída dessa sociedade, tida como democrática, que preconiza direitos iguais a todo cidadão: o estudo, saúde, alimentação e, principalmente, a um emprego decente.

Entretanto, a falta dessa perspectiva tem favorecido e estimulado a violência, com altos índices de criminalidade, tráfico de droga, abuso de menores, falta de assistência, moradia, educação, abrigo para idosos e outras ordens de misérias humanas. O Estado, alegando falta de recursos financeiros, pouco investimento fez para reverter essa situação, deixando grande parcela da população entregue à própria sorte, negando a estes, até mesmo, o direito à cidadania. Logo, alguém teria que perceber essa situação e notamos que, aos poucos, novas lideranças se aliam ao empresariado brasileiro para reverter esse quadro tão difícil de desumanidade.

O que parece ter sido negado ao longo da história construída pelo homem moderno, a partir da década de 70, foi resgatado.

A noção de cidadania sai dos livros e passa a ser entendida como sinal de ruptura conceitual, estando fadada a acontecer no âmbito dessa mesma história. Os ativistas sociais adotaram um ramo revisionista da literatura marxista, modificado pela linhagem hegeliana. Segundo Fernandes (1997),

> Em continuidade com as tradições marxista e do iluminismo, referências à "sociedade civil" em nossos relatórios regionais

implicam uma ruptura com formas tradicionais e hierarquias. Não é simplesmente um sinônimo de "sociedade" mas uma maneira de pensar sobre ela que leva em si tanto um sentido de autogestão quanto de igualdade de direitos". "Para levar este nome, uma sociedade civil precisa ser composta de indivíduos e instituições independentes que sejam conscientes e zelosas de sua independência.

Ocorre, assim, uma inversão paradoxal — o que era um estado natural para os antigos filósofos e uma condição lógica das políticas modernas em Hegel e Marx, torna-se um objetivo para nossos ativistas sociais: a "sociedade civil" tem que ser "construída", "reforçada", "consolidada", para superar hábitos profundamente arraigados de dependência pessoal da vida pública. Na realidade, estamos vendo que a sociedade começa a tomar consciência de que também é responsável por essa desigualdade social, então é necessário que faça a sua parte para melhorar essa situação e não espere que apenas o poder público participe desse processo para a solução dos problemas sociais.

Para Gohn (1997, p. 12), "A ação coletiva de pressão e reivindicação, antes presentes na maioria dos movimentos sociais latino-americanos, converte-se, nos anos 90, em ações voltadas para a obtenção de resultados, em projetos de parceria que envolvem diferentes setores públicos e privados". Logo, percebemos que, quando a sociedade civil mobiliza-se para desenvolver ações de caráter filantrópico, vai criando o exercício de cidadania, tornando-se altamente competente para articular e enfrentar o atendimento das questões específicas para as que se propõe; muitas vezes fundando movimentos sociais, para canalizar forças e tarefas, unindo as competências para viabilizar um melhor desempenho na busca da melhoria das condições de vida para vários segmentos da sociedade.

No nosso entender, são esses tipos de movimentos sociais que acabam consolidando-se, tornando-se autossustentáveis e, na maioria das vezes, transformando-se em organizações sociais da sociedade civil, ou seja, consolidando, dessa maneira, o Terceiro Setor. Bem, se estamos falando em Terceiro Setor é porque existe o Primeiro e o Segundo. O que são o Primeiro e o Segundo setor?

CAPÍTULO III

O ESTADO E TERCEIRO SETOR

3.1 A DIFERENÇA ENTRE O ESTADO E O TERCEIRO SETOR

Como estamos nos reportando ao Terceiro Setor, é sabido que existem os outros dois setores. O **Primeiro Setor** é composto pelas instituições que se encontram sob controle do governo federal, estadual e municipal. Já o **Segundo Setor** compreende as empresas de capital privado ou, melhor, o Mercado que tem como sua finalidade a obtenção do lucro. Temos que ter a exata compreensão de cada setor da sociedade e vamos tentar esclarecer de maneira bem simples cada um, suas estruturas, funções, finalidades, origem dos recursos (de onde provêm seus recursos) e transferência dos recursos (para onde deverão ir esses recursos). Os dados serão demonstrados em uma tabela no Quadro 1.

De princípio, entenderemos que o **Primeiro Setor,** que é o governamental, envolve a administração pública a nível federal, estadual e municipal e que direta ou indiretamente é responsável por gerenciar todos os recursos que são captados por meio das taxas, impostos e multas que cada cidadão paga ao país. Segundo o estudo do Instituto Brasileiro de Planejamento e Tributação (IBPT), todos os tributos somados (federais, estaduais e municipais) equivalem a 41% do salário do brasileiro. Para um dos coordenadores do estudo, João Eloi Olenike, publicado em 01/06/2020, "Esse crescimento no número de dias trabalhados para pagar tributos foi calculado e apresentado por décadas pelo IBPT, demonstrando que, hoje, trabalhamos quase o dobro do que na década de 70". Revelando ainda que "Foi identificada uma carga tributária injusta, pois grande fatia dessa média vem dos impostos pagos sobre o consumo, com cerca de 23%, depois renda, com cerca de 15% e, por último, o patrimônio, com 3%".

O que percebemos é que, atualmente, os brasileiros precisam trabalhar 151 dias do ano, ou seja, cinco meses do seu esforço trabalhado, para pagar tributos federais, estaduais e municipais, tendo nos últimos anos um crescimento de 16%. É uma das maiores taxas tributárias do mundo. O mais interessante é que para termos educação, saúde e transporte com mais qualidade teremos que pagar novamente, sendo esses os elementos mais básicos para a sociedade, uma vez que todos esses recursos que pagamos deveriam ser voltados para a melhoria dos bens e serviços à coletividade, proporcionando atendimentos exclusivos de políticas públicas que viessem ao encontro das necessidades e dos interesses públicos, de maneira geral.

3.2 SUAS ESTRUTURAS, FUNÇÕES, FINALIDADES, ORIGENS E TRANSFERÊNCIAS DE RECURSOS

Quadro 1 – As diferenças entre os setores da sociedade

SETORES	1º SETOR	2º SETOR	3º SETOR
ESTRUTURA	ORGANIZAÇÕES GOVERNAMENTAIS Federal, Estadual e municipal	ORGANIZAÇÕES DE MERCADO Indústria, Comércio e Serviço	ORGANIZAÇÕES DA SOCIEDADE CIVIL
FUNÇÃO	POLÍTICAS PÚBLICAS Desenvolver de forma eficiente a sociedade	CAPITALISTA Visa o lucro	FILANTROPIA ou CARITATIVAS
FINALIDADE	Bens e Serviços a Sociedade	Produção, Vendas, Prestação de serviços.	Bens e serviços de caráter público
ORIGEM DOS RECURSOS	PÚBLICOS Impostos, taxas e contribuições	PRIVADOS	PRIVADOS E PÚBLICOS
TRANSFERÊNCIA DE RECURSOS	Público para Público	Privado para privado	Privado para público

Fonte: elaborado pela autora

Primeiro Setor: governo, responsável por políticas públicas que venham ao encontro de melhorias para a sociedade.

Segundo Setor: privado, responsável por suprir a sociedade com a venda de bens e serviços de maneira individual ou coletiva.

Terceiro Setor: constituído por organizações sem fins econômicos e não governamentais, tendo como objetivo gerar bens e serviços públicos para diminuir a desigualdade social.

Temos que nos atentar ao fato de que a participação do Estado com o Terceiro Setor já vem se configurando desde o século passado, ou seja, há muito tempo. Logo após o golpe de 1964 que desencadeou uma série de movimentos populares contra a resistência e o autoritarismo militar, foi percebida a consolidação de grupos, mesmo fragmentados, mas que tinham como objetivo instigar e persuadir de modo a atingir o centro do poder. Isso porque uma parte da sociedade sentia-se oprimida e desrespeitada em sua condição como cidadão e buscava ferramentas que pudessem atingir por meio de suas reivindicações a criação de uma consciência popular que viesse a fortalecer os movimentos criados. Assim, progressivamente foram conquistando seus objetivos paralelamente à ditadura militar que vetava a participação popular na esfera pública.

Com a participação e o fortalecimento da sociedade civil, os anos 70 tornaram-se a fase embrionária do Terceiro Setor, inclusive com o surgimento das ONGs, dá-se a impulsão à oposição ao estado autoritário. As ONGs vieram com a proposta de fortalecer a democracia, buscando uma cidadania participativa com ação da sociedade civil, não tendo o intuito de ir contra o organismo governamental, mas de ser uma intramediadora do poder. Muitas expectativas começaram a ser alcançadas nos anos 80, porque foi o ano em que desencadeou um processo de crescimento e proliferação das ONGs, com propostas diversificadas na busca de desenvolver iniciativas de interesse da sociedade.

Outra grande contribuição que houve nos anos 80 para a interação do governo com a já organizada sociedade civil foi a abertura das eleições diretas e a aprovação da Constituição de 1988, que proporcionou uma abertura em termos de discussão, debates e colaboração entre setores diferentes. Dentro dessa proposta, multiplicaram-se as iniciativas na busca de soluções concretas e inovadoras para o enfrentamento do combate à fome, à miséria e à exclusão social.

Dessa forma, foi se concretizando o Terceiro Setor, que emergiu como um fenômeno nessas três últimas décadas, ampliando seu conceito para além das conhecidas ONGs e desempenhando cada vez mais um papel decisivo em defesa da democracia, Direitos Humanos, meio ambiente, crianças em situação de risco social e sua luta contra a pobreza e a desigualdade social. Com grande desempenho em todas essas questões, o Terceiro Setor passou a ser reconhecido pelo Estado, por ser capaz de mobilizar crescente volume de conhecimentos, experiências e os recursos humanos e materiais que são canalizados em prol de seus objetivos. Com esse novo perfil, o Terceiro Setor passou a ser um elo na parceria com o governo, somando esforços na colaboração, para execução de ações ou projetos concretos de desenvolvimento social.

CAPÍTULO IV

O MERCADO E O TERCEIRO SETOR

4.1 A DIFERENÇA ENTRE O MERCADO O E TERCEIRO SETOR

Hoje, no mundo extremamente dinâmico e competitivo, o Segundo Setor — Mercado — precisa integrar-se à comunidade onde está inserido, contribuindo de maneira concreta para a solução de problemas sociais e ambientais não como obrigação, mas como postura da consciência empresarial, destacando, inclusive, a mobilização e utilização de seus valores intangíveis, como é o caso do seu capital social, da informação e do seu conhecimento gerencial que o empresariado está disponibilizando para a efetivação do exercício da responsabilidade social. Antes, o mercado mantinha-se indiferente ou até mesmo distante das questões sociais e ambientais, porque considerava que essas eram obrigação exclusivamente do Primeiro Setor — o Estado. No entanto, esse paradigma começou a ser rompido, a sociedade começou a conscientizar-se de sua responsabilidade frente aos problemas das desigualdades sociais no país.

No estágio em que nos encontramos, a empresa que continuar pensando da forma acima citada, está determinada a não permanecer no mercado por muito tempo, ela tem que adaptar-se à nova realidade para garantir sua sobrevivência, e isso inclui, definir estratégias para a sustentabilidade perante os olhos exigentes de seus stakeholders (funcionários, consumidores/ clientes, fornecedores, comunidades, representantes ligados ao meio ambiente, governo e sociedade).

Quando a empresa passa a realizar um investimento social, agrega valores positivos à imagem de sua organização, eleva a autoestima de seus funcionários, ganha participação do mercado e, principalmente, cria uma mudança de mentalidade no empresariado, que passa a contribuir de forma objetiva para a melhoria da qualidade de vida das comunidades. Assim, com essa tomada de consciência empresarial que teve início nos anos 90, muitas empresas começaram a disponibilizar recursos para investimentos sociais e ambientais, reconhecendo nas organizações sem fins lucrativos (Terceiro

Setor) canais para a concretização de parcerias que trazem consigo uma gestão estratégica voltada para o bem-estar da comunidade. Para que essa parceria seja bem-sucedida, é necessário que seus objetivos sejam mútuos, ou seja, para que essa parceria dê certo, implica que, no decorrer das fases do processo, sejam superados os prováveis conflitos que possam emergir para que se estabeleça a confiabilidade entre as partes interessadas.

Segundo Oded Grajew (1998, p.),

> A democracia representativa deu lugar à democracia participativa, e cada cidadão, cada organização e cada empresa passaram a enfrentar o desafio de assumir uma responsabilidade pelos interesses públicos, adianta não confundindo responsabilidade social e projeto social.
>
> Que por mais importante que seja investir na comunidade num país com tantas carências como o nosso, não apenas ajudar uma obra social se a empresa trata mal seus funcionários, sonega impostos, joga lixo no rio, se mete em corrupção ou engana o consumidor. O setor empresarial possui imenso poder, e ao adotar de fato e de forma séria e consistente e gestão socialmente responsável, as empresas podem se transformar em poderosas parceiras na construção de uma sociedade mais justa, próspera e sustentável.

Partindo desse princípio, a empresa que abraça esse comportamento estará aderindo a esta atitude, estará passando a concretizar uma nova mentalidade em relação ao papel que irá desenvolver perante os *stakeholders*, que são seus funcionários, clientes, governo, acionistas, comunidade, fornecedores e concorrentes, que fazem parte do público que norteiam suas relações. Na construção desse novo modelo de gestão empresarial, a responsabilidade social surge e torna-se uma ferramenta estratégica que somará em favor da empresa, como investimento a longo prazo. Essas iniciativas inovadoras vêm representando uma oportunidade ímpar de uma empresa privada confirmar-se como empreendimento cidadão.

Dentro desse contexto, a empresa que adota a gestão socialmente responsável deve começar de dentro para fora, ou seja, internamente, ela deverá ir além de suas obrigações trabalhistas, atuando principalmente em função do bem-estar de seus funcionários e suas famílias, proporcionando a estes satisfação e realização tanto pessoal quanto profissional, auferindo, dessa maneira, maior produtividade com o envolvimento de funcionários motivados e engajados em suas atividades. Os investimentos que a empresa realiza no sentido de saúde, educação, alimentação, criação de ambientes favorecem um melhor relacionamento e progresso de seus funcionários estará colhendo a médio e longo prazo, reconhecimento e comprometimento deles.

Dentro desse mesmo contexto, transcrevemos algumas diferenças importantes entre organizações do Segundo e Terceiro Setores, que é citado por De Masi (1999, p. 249-253), a partir da teoria de Druker:

> **No terceiro setor** domina uma forte tensão para a missão, claramente definida, à qual se confere prioridade sobre qualquer outra coisa. A missão é uma paixão. **Nas empresas**, é frequentemente indefinida e não partilhada, raramente tem força de envolvimento, de modo que não requer paixão, mas cálculo.
>
> **No terceiro setor**, o dinheiro provém de doações, da generosidade alheia, de patrocínios ou de fundos públicos. Administrando dinheiro alheio, a ser empregados e a usá-lo do melhor modo possível. **Nas empresas**, o dinheiro provém do patrimônio empresarial, dos bancos, da bolsa, do autofinanciamento.
>
> **No terceiro setor**, dá-se forte ênfase à organização por objetivos, o que, entre outras coisas, facilita a avaliação dos voluntários com base no empenho com que os perseguem. **Nas empresas** fala-se com frequência em delegação e em organização por objetivos mas na realidade vigora uma forte centralização, volta e meia designam-se tarefas e quem as executam é julgado também no curso do processo.
>
> **As organizações sem fins lucrativos** são muito atentas ao clima interno, caracterizado por entusiasmo e solidariedade. **As empresas** muitas vezes subestimam a importância do clima interno ou alimentam mesmo um clima de hostilidade recíproca e de medo.
>
> **Nas organizações sem fins lucrativos** prevalecem às relações informais, quentes, personalizadas, solidárias, centradas na emotividade. **Nas empresas**, as relações são mais formais, frias, despersonalizadas, competitivas, centradas na racionalidade.
>
> **Nas organizações sem fins lucrativos**, a criatividade consegue matar a burocracia. **Nas empresas**, a burocracia corre

o risco de matar a criatividade liderança profissional ou burocrática.

Essas são algumas das diferenças entre uma organização do Terceiro Setor, em que sua administração é baseada no amor, solidariedade, generosidade, confiabilidade, criatividade, motivação voluntária sem interesse, na fé e, principalmente, na responsabilidade solidária e no trabalho participativo para o cumprimento da missão de cada entidade, motivação voluntária sem interesse pecuniário, e as organizações do Segundo Setor (Mercado) em que a disputa pela carreira, maiores ganhos, falta de companheirismo e de comprometimento os objetivos da empresa. Como o próprio Domenico De Masi (1999, p. 254) parafraseia Druker:

> Poderem os concluir dizendo que o desafio que espera as organizações é atingir nos negócios os níveis de motivação habituais no terceiro setor, e para o terceiro setor o desafio é alcançar os níveis de confiabilidade comuns nas empresas.

Perceber essas mudanças profundas que estão acontecendo no mercado é essencial para que outras empresas possam também redefinir suas metas e estratégias gerenciais, que possam influir positivamente na imagem de sua empresa perante a sociedade, com a vinculação de sua atuação dentro da responsabilidade social, que hoje se tornou um diferencial competitivo entre as empresas dos mais diversos segmentos mercadológicos.

Entretanto, para muitas empresas, não é suficiente atingir só seu público interno; elas procuram transpor para além de seus muros, ou seja, também querem assumir seu papel de empresa socialmente responsável na visão da sociedade como um todo (externamente), preocupando-se em investir na comunidade onde está inserida, seja por meio de ações ou projetos sociais, educacionais, ambiental etc.

Para D'Ambrósio, D&Mello, P.C., em "A Responsabilidade que dá retorno Social", publicado na Gazeta Mercantil, em 10/11/98, P.C.8,

> A Responsabilidade Social de uma Empresa consiste na sua decisão de participar mais diretamente das ações comunitárias na região em que está presente e minorar possíveis danos ambientais decorrentes do tipo de atividade que exerce.

Ao decidir exercer essa estratégia da responsabilidade social, a empresa pode adotar como decisão a criação de uma fundação na qual possa viabilizar por meio dela as suas ações, seja mediante o patrocínio de ações ou de projetos sociais desenvolvidos pela própria empresa. Isso gera benefícios à coletividade nas áreas em que achar necessário ou, ainda, inserir também as entidades do Terceiro Setor na prática de suas ações, sendo fator de sustentabilidade a essas, já que elas podem ser utilizadas como suporte para alcançar mais rapidamente seus objetivos sociais, uma vez que essas entidades já desenvolvem uma gama de projetos, seja na área da geração de renda, educação, conscientização, saúde, social, esporte, idosos, capacitação profissional etc.

Essas entidades, por já terem sua estrutura e missão definida, atendendo a um direcionamento de sua atuação, estão mais ambientadas em concretizar, por meio de um caminho mais curto, o alcance de seus objetivos, mediante parceria na qual conjuguem os mesmos desejos. Esse é um trabalho em que tanto a empresa privada como a entidade do Terceiro Setor podem e devem estreitar laços, comungar objetivos e metas para que essas propostas possam contribuir com resultados concretos das ações desenvolvidas.

4.2 O PARALELO ENTRE A FILANTROPIA E O COMPROMISSO SOCIAL

Essas ações devem ser voltadas mais para o compromisso social que é a tônica do comprometimento da gestão socialmente responsável do que para a filantropia propriamente dita, mesmo que essa ainda continue e ter predominância nesse processo de atuação. Para tanto, o Ipea apresentou um paralelo entre a filantropia e o compromisso social, como demonstrado a seguir.

Quadro 2 –Paralelo entre Filantropia e Compromisso Social

	FILANTROPIA	COMPROMISSO SOCIAL
Motivações	Humanitárias	Sentimento de responsabilidade
Participação	Reativa e com ações isoladas	Proativa e com ações integradas
Público-alvo	Relação demandante/doador	Relação de parceria
Atuação Social	Opção pessoal do dirigente	Incorporada à cultura; envolvendo os colaboradores

	FILANTROPIA	**COMPROMISSO SOCIAL**
Resultados	Gratificação pessoal de poder ajudar	Comprometimento com objetivos e metas
Divulgação	Não procura associar a imagem da empresa com a ação social	Dá transparência à atuação para multiplicar as iniciativas sociais
Estado	Não há relação	Relação de controle e complementaridade

Fonte: elaborado pela autora com dados do Ipea

Em contrapartida a esse comprometimento com as questões sociais, surgem valores intrínsecos que transcendem sua atuação, dentre eles, proporciona à empresa um retorno do investimento realizado, com o fortalecimento de sua imagem e marca perante seu consumidor, promove seu produto, aproxima-se mais da comunidade, funcionários certamente ganhando credibilidade no futuro, o que é um fator determinante para seu sucesso mercadológico. Isso tudo, dentro da definição de seu Código de Ética e com a máxima transparência, pode ser demonstrado por meio de seu balanço social.

Percebemos que, atualmente, é crescente a atuação das empresas em demonstrar sua maturidade empresarial perante o mercado e isso ganhou mais impulso nos anos 90, momento no qual muitas organizações se destacaram com envolvimento e comprometimento com causas e programas sociais.

Conforme a Fundação Instituto de Administração (FIA), de 29 de agosto de 2019, em um artigo sobre "Quais são as características essenciais da responsabilidade social?", segundo o Livro Verde, as empresas que querem desenvolver estratégias e ações sociais podem seguir por duas dimensões: uma interna e outra externa.

Dentro da dimensão interna, temos:

- **gestão** dos recursos humanos: atrai novos trabalhadores qualificados, incluindo minorias.

- **saúde** e segurança no trabalho: promovem a saúde de seus colaboradores, para além de obrigações legais.

- **adaptação** à mudança: com as rápidas mudanças globais recentes, leva em conta os interesses de todos os envolvidos em uma reestruturação dos negócios.

- **gestão** do impacto ambiental e dos recursos naturais: avalia e reduz o impacto ambiental do uso de recursos naturais pela empresa.

Já na dimensão externa, são pontuados os principais elementos da responsabilidade social:

- **comunidades** locais: promovem uma boa integração da empresa com a comunidade em que está inserida.

- **parceiros** comerciais, fornecedores e consumidores: buscam encontrar soluções para a boa relação entre os envolvidos.

- **Direitos Humanos:** geraram um compromisso permanente com o cumprimento dos Direitos Humanos.

- **preocupações** ambientais globais: pensam globalmente as questões de cunho ambiental e avaliam como reduzir danos à natureza.

Essas são algumas das estratégias e ações sociais que podem ser desenvolvidas tanto dentro da dimensão interna quanto da externa. É importante ressaltar que a responsabilidade social é uma postura voluntária que se dá por meio de comportamentos e ações que venham a promover o bem-estar de seu público interno e externo. Essa conduta é completamente diferente das ações compulsórias impostas pelo governo, uma vez que as empresas precisam, de forma inovadora, aprimorar sua relação com a sociedade, de modo a promover um desenvolvimento social fundamentado na ideia do *"triple bottom line"* ou, melhor, baseado no tripé que envolve o meio ambiente, a economia e o social. Quando a empresa abraça a responsabilidade social, ela também adota o diferencial competitivo que demonstra suas vantagens em comparação com outras empresas que não a adotem. Essas vantagens tornam-se instrumentos de certificações, o que as motivam a ter reconhecimento oficial e legitimidade, a terem os selos ou certificados que atestam sua boa prática empresarial.

4.3 NORMAS E CERTIFICAÇÕES DA RESPONSABILIDADE SOCIAL

São vários os selos ou certificados que geram credibilidade perante seus *stakeholders*. Demonstra-se que a organização está agindo de acordo com seus *stakeholders*, assim como com a legislação nacional e internacional. Essas certificações contribuem imensamente para o crescimento dos níveis de qualidade, segurança e eficiência de qualquer empresa que queira manter sua sustentabilidade. Vamos descrever no quadro de forma sucinta algumas normas e certificações da responsabilidade social.

Quadro 3 – Normas e Certificações da Responsabilidade Social

NORMAS E CERTIFICAÇÕES	PRINCÍPIOS
SA 8000 (Social Accountability 8000)	Desenvolvida pela Social Accountability International (SAI), primeiro padrão global de certificação social, enfoca, primordialmente, relações trabalhistas e visa assegurar que não existam ações antissociais ao longo da cadeia produtiva, como trabalho infantil, trabalho escravo ou discriminação.
NBR 16001	Norma de sistema de gestão, passível de auditoria, estruturada em requisitos verificáveis, permitindo que a organização busque a certificação por uma terceira parte, o que não ocorre com a ISO 26000 que é uma norma de diretrizes.
ISO 26000	Norma Internacional de Responsabilidade Social: terceira geração de normas de sistema de gestão ISO (International Organization for Standardization), além do sistema de gestão de qualidade (ISO 9000) e o de gestão ambiental (ISO 14000), sendo um conjunto de diretrizes, sem propósito de certificação. Ela tem como objetivo orientar organizações, de qualquer porte ou localização, a incorporarem diretrizes socioambientais em seus processos decisórios e a se responsabilizarem pelos impactos de suas ações na sociedade e no meio ambiente

NORMAS E CERTIFICAÇÕES	PRINCÍPIOS
AA1000 – Account Ability 1000	Norma de responsabilização social que foi criada em 1996 pelo Institute of Social and Ethical Accountability (ISEA). É uma certificação de cunho social que enfoca principalmente a relação da empresa com seus diversos parceiros, ou "stakeholders", e assegurar a qualidade da responsabilidade social.
ISO 14000	Uma das certificações criadas pela International Organization for Standardization (ISO). O ISO 14000, parente do ISO 9000, dá destaque às ações ambientais da empresa merecedora da certificação.
ISO 14001	Norma que estabelece os pré-requisitos de implementação e operação do Sistema de Gestão Ambiental (SGA), fornece diretrizes para que as organizações e seus colaboradores aprendam a prevenir danos ao meio ambiente.
Sustainability Scorecard	Sistema de gestão que mede o desempenho da empresa sob o ponto de vista da sustentabilidade em cinco dimensões diferentes: econômica; relação com os clientes; tecnologia e processos; saúde, segurança e meio ambiente; e recursos humanos e responsabilidade social.
OHSAS 18001 (Occupational Health and Safety Assessment Series 18001)	Divulgada pelo British Standards Institution (BSI), trata-se de uma especificação que tem por objetivo prover às empresas, elementos de um Sistema de Gestão da Segurança e Saúde no Trabalho (SST) eficaz, que possibilita a integração com outros requisitos de gestão, de forma a auxiliá-las a alcançar seus objetivos de segurança e saúde ocupacional.

Fonte: elaborado pela autora com dados do Instituto Ethos, ABNT, NBR 16001:2004

Hoje, inclusive, já conseguimos algumas referências sobre o Quarto Setor da sociedade no Brasil. Ao pesquisarmos sobre o Quarto Setor no Google, ele nos informa sobre o que alguns pesquisadores anunciam e denomina o setor informal de Quarto Setor. E por quê?

Porque ele, segundo dados não oficiais, mobiliza mais de 30 bilhões de reais por ano no Brasil, isso envolvendo inclusive a pirataria de diversos produtos, porém emprega mais de dois milhões de pessoas sem qualquer direito trabalhista. E qual a relevância se estamos nos referindo a um delito?

Pensemos bem, porque ele se configura como um setor não reconhecido e muitas vezes discriminado, contudo ele gera lucro, ou seja, considerado *business*, tem atividade comercial. Um negócio que seja legal ou não está relacionado ao desenvolvimento econômico e social, gerando renda para muitas e muitas famílias que se mantêm com esse ganho. Sua função é a mesma do mercado que é a divisão do lucro entre os sócios, seu crescimento e a sedução do investimento, assim como por ser uma atividade ilegal, o que o diferencia e muito do Terceiro Setor.

Quando nos referimos à atividade ilegal, é somente pelo fato desses trabalhos não terem seu registro oficial, não emitirem notas fiscais, contrato de trabalho ou carteira assinada. Um exemplo bem claro dessa atividade é a dos camelôs, os quais desenvolvem o trabalho informal. No Brasil, segundo o Instituto Brasileiro de Geografia e Estatística (IBGE), "a informalidade no mercado de trabalho atingia 41,6% dos trabalhadores do país em 2019, ou seja, aproximadamente 39,3 milhões de pessoas". Ainda, "nessa pandemia causada pelo novo coronavírus potencializou e muito o índice de trabalhadores informais – os mais vulneráveis à crise. Segundo dados do IBGE, "chegou a 68% dos trabalhadores que ficaram sem trabalho no segundo trimestre de 2020 (quase nove milhões) foram de postos informais".

4.4 O SETOR INFORMAL

Quem faz parte desse setor informal? Nesse contexto, os dados do IBGE afirmam:

> Nesse setor 20,9% dos empregos eram informais e, em sua maioria, constituíram-se de trabalho sem carteira assinada e pequena parcela de trabalho autônomo, especificamente, ajudantes diversos e membros de famílias não remunerados que exerceram suas atividades em empresas constituídas de maneira formal.

Existe diferença entre o trabalho informal e o autônomo? Para melhor compreensão, o trabalho autônomo é aquele desenvolvido por pessoa física que exerce atividade econômica por conta própria, ou seja, o prestador de serviços em geral e pessoas que não têm vínculo empregatício, mas têm um contrato de trabalho. Já com o trabalhador informal não existe vínculo nenhum, como carteira assinada ou qualquer tipo de contrato.

Como percebemos nos dados mencionados anteriormente, é um setor que vem crescendo continuadamente e isso repercute pelo fato da economia encontrar-se instável, o alto índice de desemprego e a necessidade de sobrevivência da população sem emprego, mesmo que algumas pessoas passem a ocupar espaços em desacordo com sua formação ou ainda o propósito de vida, o que os levam a ganhar bem menos, não terem carteira assinada, assim como terem assegurados seus direitos que estão previstos na CLT. Porém esses indivíduos aceitam submeter-se ao trabalho informal pelo imperativo de gerar renda para manter suas obrigações familiares.

4.5 A RELEVÂNCIA DESSE SETOR

Todos esses fatos levam algumas pesquisas e autores a estarem levantando a denominação de um quarto setor da sociedade, que seria o da informalidade. Esse cenário em que ele se apresenta em nossa realidade leva-os a tais considerações, uma vez que já são responsáveis pela geração de 1,12 trilhões de reais (17,3% do PIB). Segundo o próprio Instituto Brasileiro de Geografia e Estatística (IBGE), "a informalidade no mercado de trabalho atingia 41,6% dos trabalhadores do país em 2019, ou seja, aproximadamente 39,3 milhões de pessoas". Isso é bastante significativo dentro da economia informal.

É preciso urgentemente ter uma visão holística e cuidadosa para esse setor da população. O que eu quero dizer com isso? É visualizar, analisar e considerar a relevância desse setor de uma maneira global como um todo e não fragmentada, pois ele vem crescendo consideravelmente e, de uma forma ou outra, contribui bastante no impulsionamento social e econômico. Para Raphael Bueno, sócio responsável pela área de Digital Strategy da Everis Brasil: "Uma das formas de auxiliar esses talentos a se sentirem inseridos e a se fortalecerem profissionalmente é viabilizar sua inserção digital e bancária". Fato. A informalidade é vista como solução ao desemprego mesmo em médio prazo. Ela também surge cada vez mais como sinônimo de "modernidade" e "futuro", mesmo porque está se apresentando como uma nova mudança que vem ocorrendo nas relações de trabalho, sendo composta por uma diversidade muito grande de trabalhadores, que incluem: costureiras, pintores, jardineiros, feirantes, mototaxi, vendedores diversos, cuidadoras, floristas, serviços gerais, digital influencers, Uber, entregadores e outros. O que nos leva a outro contraponto. Para a PhD em Economia Maria Cristina Cacciamali:

> A expansão de formas de contratação que implícita ou explicitamente burlam a legislação laboral tem efeitos, não apenas sobre o uso indiscriminado do trabalho, mas sobre a cidadania, pois os assalariados sem registro, por um lado não tem acesso a um conjunto de garantias sociais e por outro não compõe o corpo coletivo. Não têm direitos nem obrigações. Soma-se a isso o fato de que essas contratações sonegam receitas ao Estado, restringindo o fundo público da seguridade social, além de limitar a implementação de outras políticas sociais, podendo implicar deterioração nas condições de vida de determinados estratos". (Cacciamali, 2000).

Creio que, mesmo ele sendo informal, é uma atividade exercida por pessoas e que muitas dessas gostariam de ter com certeza um trabalho no qual tivessem mais segurança, seus direitos legais respeitados: Registro em carteira de trabalho; vale-transporte; descanso semanal remunerado; pagamento de salário; férias; Fundo de Garantia do Tempo de Serviço (FGTS); 13º salário; horas extras; adicional noturno; licença-maternidade; licença-paternidade; aviso prévio e rescisão de contrato, entre outros. Contudo, em determinados momentos de nossas vidas, não podemos escolher o que é melhor para cada um de nós, mas o que pode ser feito e realizado, e a informalidade está sendo para muitos, esse ponto de apoio na geração de renda.

O trabalho é o que possibilita o ser humano, por meio de atividades e ações em renda, satisfazer suas necessidades, logo, ele é de fundamental importância na vida do indivíduo, podendo inclusive assegurar que "o trabalho criou o próprio homem", segundo Engels (p. 11).

> Somente o trabalho tem na sua natureza ontológica um caráter claramente transitório [...] que se caracteriza acima de tudo pela passagem do homem que trabalha, partindo do ser puramente biológico ao ser social. O trabalho, portanto, pode ser visto como um fenômeno originário, como modelo, protoforma do ser social. (Lukács, 1979, p. 134).

Apesar do trabalho desse setor informal ter suas peculiaridades, ele é necessário porque, como vimos anteriormente, ele envolve um percentual muito grandioso tanto de tarefas quanto na diversidade de profissionais que nele trabalham. Por isso, não podemos imputá-lo como sem importância. Existe uma imensa demanda para ele, mesmo que, em sua realidade, possa ser considerado alvo de preconceitos, violência e desrespeito tanto do governo quanto de uma parcela da sociedade que o vê dentro de um sistema subserviente, tornando-o mais vulnerável. É notório que esse tipo de trabalho gera maior alienação ao trabalhador, devido às dificuldades que são enfrentadas para que possa exercer seu trabalho, a exposição que se encontram diariamente sob sol ou chuva, falta de segurança, condições de trabalho e desafios constantes. Conforme Antunes:

"Desse modo, um desafio maior da humanidade é dar sentido ao trabalho humano, tornando a nossa vida também dotada de sentido. Instituir uma nova sociedade dotada de sentido humano e social dentro e fora do trabalho. Este é um desafio vital em nossos dias" (Antunes, 2008, p. 11).

Tais atividades por muitos são consideradas singulares. É perceptível que elas, sem dúvida nenhuma, dão sentido ao trabalho humano, inclusive, com certa criatividade e mesmo à revelia da regulação, vão pragmaticamente adaptando-se a outros delineamentos de trabalhos e relações sociais. O grande desafio desse enfoque econômico e social é a sobrevivência humana que está se revelando como uma nova convergência da sociabilidade para este século XXI. Nos EUA, o Quarto Setor é apontado como o empreendedorismo social. Segundo pesquisas realizadas nos EUA, em 10 anos, o Quarto Setor será responsável por aproximadamente 10% do PIB. Temos como exemplo o ganhador do Prêmio Nobel da Paz Muhammad Yunus, que falou em seu discurso sobre essa nova realidade, segundo ele: *"Um empreendedor social, ao invés de ter apenas uma fonte de motivação, como a maximização de lucro, tem duas: maximizar lucro e fazer o bem para as pessoas e o mundo".*

4.6 EMPREENDEDORISMO SOCIAL

Muhammad Yunus é reconhecido como a pessoa de maior notoriedade do empreendedorismo social no mundo, sendo economista e banqueiro, criou o Banco Grameen, com sede em Bangladesh, que tem como principal objetivo fornecer microcrédito para famílias mais pobres. Começou emprestando dinheiro do seu próprio bolso para 42 mulheres da aldeia de Jobra, eram pequenas quantias, mas que davam para elas investirem em sua própria competência para gerar renda, de maneira muito simples, como uma máquina de costura, na qual podiam costurar roupas e, assim, criar formas tanto de pagar seu empréstimo como de manter sua família com alimentos e educação.

Então, o que é o empreendedorismo social? Ele alavanca uma parte muito importante do mercado e está em crescimento cada vez mais e apresenta soluções inovadoras no atendimento aos problemas sociais, reunindo negócios nos quais busca reunir o lucro, o desenvolvimento sustentável e o valor social nas mesmas atividades. Logo, empreender é visualizar novas oportunidades de negócios que visam muito além do lucro, procuram beneficiar pessoas, principalmente, em situação de vulnerabilidade socioeconômica, gerando um impacto positivo também ao meio ambiente.

Ou seja, promove ações capazes de mudar uma realidade, gerando um retorno financeiro a seus idealizadores. O empreendedor social traz uma proposta bem simples. Ele emprega técnicas de gestão, criatividade, inovação e sustentabilidade, maximizando o capital social de um bairro, de uma cidade ou de um país de forma positiva e sustentável, ou seja, ele pode gerar renda e ser organizado com ou sem fins lucrativos. Vamos descrever alguns exemplos nacionais e internacionais de empreendedorismo social para percebermos como está se demonstrando esse cenário e de que maneira ele impacta a sociedade.

- **Gerando Falcões**

Iniciativa de Eduardo Lyra, jovem nascido na periferia de São Paulo, que resolveu se dedicar a melhorar a vida de crianças que passam pelas mesmas dificuldades que enfrentou na infância. Cerca de 30 mil estudantes têm sido impactados pelas ações do projeto, que tem como meta central promover o protagonismo dos jovens e fortalecê-los enquanto motores da transformação da sociedade.

www.jovensfalcoes.com.br

- **Instituto Chapada**

Iniciativa que tem como mentora e principal líder a pedagoga Cybele Oliveira. É uma organização focada em ajudar a melhorar a qualidade da educação pública. A entidade faz isso oferecendo, principalmente, apoio à formação continuada de professores e gestores de escolas. Além disso, auxilia na criação de redes colaborativas voltadas a fortalecer o ensino formal e políticas públicas de educação.

www.institutochapada.org.br

- **Graacc**

Desde 1991, essa iniciativa do oncologista pediátrico Antônio Sergio Petrilli tem sido uma forte aliada do combate ao câncer infantil no Brasil. A entidade já tratou mais de 5 mil pacientes, com uma taxa de cura que fica em torno de 70%. A organização funciona com base em um rigoroso sistema de gestão e atendimento que envolve pesquisadores de universidades, a iniciativa privada e a sociedade.

www.graacc.org.br/

- **Terra Nova**

Empresa empreendedora social focada na área da habitação que funciona desde o início dos anos 2000. Sua principal atuação é por meio da regularização fundiária. Ela auxilia moradores de áreas ocupadas de forma irregular, mediando conflitos junto aos órgãos públicos, a fim de obter os títulos regulares delas.

O objetivo de sua ação é conquistar direitos e condições dignas de vida, relacionando o acesso de saneamento básico, iluminação e segurança. Ela está presente em 4 estados, 11 cidades e mais de 30 comunidades. No ano de 2019, foram mais de 38 mil pessoas impactadas positivamente, acumulando um total de 3 milhões de m² em áreas regularizadas. https://andrebona.com.br/

- **Enactus**

Uma organização internacional sem fins lucrativos dedicada a inspirar os alunos a melhorar o mundo por meio da Ação Empreendedora. O Brasil é um dos 37 países ao redor do mundo que opera o programa Enactus. É uma rede de estudantes, líderes executivos e líderes acadêmicos que fornecem uma plataforma para os universitários criarem projetos de desenvolvimento comunitário que colocam capacidade e talento das pessoas em foco. Com isso, nossos alunos fazem da ação empreendedora a ferramenta que transforma vidas. A transformação acontece dos dois lados: as pessoas que servimos e os alunos que desenvolvem valores para se tornarem os verdadeiros líderes do futuro. A rede possui mais de 200 professores e 2.800 estudantes que desenvolvem 240 projetos ao redor de 21 estados brasileiros, impactando a vida de mais de 20.000 pessoas. http://www.enactus.org.br/

4.7 EMPREENDEDORES SOCIAIS INTERNACIONAIS E SEU IMPACTO NAS ÁREAS ONDE ATUAM

- **Agenda Pública**

É uma Organização de Sociedade Civil de Interesse Público (Oscip) que trabalha com a articulação entre governos locais e sociedade, visando à implementação de políticas públicas e assessorando localidades impactadas por grandes obras. Foi criada pelo cientista político Sergio Andrade que, em entrevista à *Folha de S. Paulo*, comentou da importância de ter ganhado o prêmio Schwab Foundation Social Entrepreneurs (Empreendedores Sociais da Fundação Schwab) dado por uma organização sem fins lucrativos, a World Economic Forum (Fórum Econômico Mundial), que mapeia iniciativas ao redor do mundo que atendam a pré-requisitos de um negócio sustentável, como impacto em larga escala na localidade onde estão inseridos, foco no desenvolvimento social e ecológico e criação de alguma ferramenta de inovação.

Ela foi a única premiada na América Latina. Assim como a necessidade de discutir políticas públicas, "O Prêmio Empreendedor Social nos colocará em uma vitrine e isso é muito importante para o que ainda não é bem compreendido".

- **The Clothing Bank** (África do Sul)

Iniciativa que trabalha para o empoderamento de mães desempregadas de regiões periféricas sul-africanas, engajando-as em um programa de negócios de reciclagem de roupas não utilizadas. Elas são rigorosamente selecionadas, com prioridade as que se encontram em situação mais frágil. Então, passam por um intenso treinamento, no qual não só aprendem noções de negócio, como também orientação para recuperar autoconfiança e, futuramente, serem donas do próprio empreendimento. The Clothing Bank já capacitou 800 mulheres em dois anos de atuação.

- **GoodWeave International** (Índia, Nepal e Afeganistão)

O fim do trabalho infantil depende da conscientização de todas as peças e setores envolvidos na cadeia de consumo, desde o produtor de matéria-prima até o comprador final. A iniciativa GoodWeave atua na criação de um mercado global de tapetes que priorize a compra de tecidos comprovadamente isentos de mão de obra infantil. Para tanto, eles trabalham com mercados consolidados dos Estados Unidos e Europa, além de inspecionar fábricas da Índia, Afeganistão e Nepal. Estima-se que, desde o início de sua atuação, diminuiu-se em 80% a participação de crianças na cadeia produtiva asiática de tapetes.

- **Silulo** (África do Sul)

A empresa sul-africana que começou vendendo computadores reciclados é hoje um polo de oportunidades para jovens desempregados da região rural e periférica da Cidade do Cabo, na África do Sul. Mais de 33 franquias oferecem treinamento para jovens, inserindo-os no mercado de trabalho tecnológico e orientando-os na construção de seus currículos. O lema da empresa é que Silulo seja apenas um ponto de parada para que, posteriormente, os jovens possam abrir seus próprios negócios.

- **Worldreader** (Estados Unidos)

A alfabetização é uma ação fundamental em qualquer transformação social. Se o processo está aliado à tecnologia, ele pode atingir um número maior de pessoas. A plataforma norte-americana Worldreader usa tecnologia de baixo custo para levar tablets a mais de 60 países, tornando o hábito de leitura mais acessível.

São mais de 31 mil títulos em 44 linguagens, incluindo dialetos falados por pequenas comunidades, o que permite a manutenção de suas tradições. Desde 2010, mais de 3 milhões de pessoas usufruíram da biblioteca digital.

- **Kennemer Food International** (Filipinas)

Pequenas propriedades agrícolas são responsáveis por grande parte da produção de alimentos, mas muitas vezes não recebem a parte justa de lucro por seu trabalho. Foi para apoiar fazendeiros das Filipinas que a ONG Kennemer Food International estabeleceu uma rede de contratos com propriedades familiares, oferecendo material de plantio de qualidade e treinamento em tecnologia, para que possam potencializar sua produção sem perder as características de cultivo tradicional. Desde sua criação, fazendeiros de cacau e coco tiveram um aumento de 500% em seu lucro. https://fundacaotelefonicavivo.org.br/

CAPÍTULO V

AS TERMINOLOGIAS DO TERCEIRO SETOR

5.1 CONHEÇA AS TERMINOLOGIAS DO TERCEIRO SETOR

As terminologias utilizadas para identificar as pessoas jurídicas sem fins lucrativos são as mais diversas, o que acaba, muitas vezes, causando confusões nesses entendimentos, porque são as mesmas características, ou seja, a mesma coisa com nomenclaturas diferentes. Assim, vamos tentar desmistificar isso, ilustrando algumas dessas siglas e termos mais frequentemente utilizados e seus significados distintos.

- **Organização Não Governamental (ONG)**: foi o primeiro termo genérico e popularmente utilizado para designar entidades da sociedade civil sem fins lucrativos, que não se confundem com o poder público. Apesar de ser o termo mais popular, por ser excessivamente abrangente, não é o mais utilizado nas esferas técnicas.

- **Terceiro Setor**: conjunto de organizações não governamentais e sem fins econômicos ou lucrativos dotado de autonomia e administração própria, que tem como finalidade atuar voluntariamente na prestação de serviços públicos junto à sociedade civil, muito conhecido também como ONGs.

As organizações que integram o Terceiro Setor são as associações e fundações. É imprescindível ter esse entendimento para se decidir no momento do processo de abertura, pois cada uma tem suas características bem definidas.

5.1.1 O que é uma associação?

É uma organização social criada por um grupo de pessoas que buscam atingir um determinado fim, as associações não têm fins lucrativos ou econômicos. Geralmente, possuem características com finalidade assistencial, educacional, social ou ambiental, isso não significa que sejam somente essas, pois elas têm uma grande diversidade. Têm que ter um estatuto social para determinar seus objetivos, normas e diretrizes de seu funcionamento organizacional.

5.1.2 O que são fundações?

Criadas por uma pessoa ou empresa do direito privado ou público que tenha fins filantrópicos e personalidade jurídica. Na fundação, existe a figura do instituidor — pessoa que pode ser física ou jurídica que direciona as suas ações. A seguir, são definidas mais especificamente.

- **Organização Social (OS)**: entidades que possuem essa qualificação especial outorgada pelo Poder Público mediante procedimento prévio de uma certificação, quando estiverem condizentes com as exigências da Lei Federal n.º 9.637/98, das leis estaduais e municipais que venham a dispor sobre a matéria (em caráter complementar). As organizações sociais são entidades que podem firmar **contratos de gestão** com o poder público.

- **Organização da Sociedade Civil de Interesse Público (OSCIP)**: entidade que também possui qualificação especial outorgada pelo poder público, designadamente pelo Ministério da Justiça, quando estiverem enquadradas conforme exigências e restrições da Lei Federal n.º 9790/99. As OSCIPs firmam **contratos de parcerias** com o poder público.

- **Organização da Sociedade Civil (OSC)**: entidade sem fins lucrativos que foram criadas pelo Marco Regulatório das Parcerias, ou seja, pela Lei Federal n.º 13.019/14, que, estando condizente com ela, poderá firmar convênio entre o poder público federal, estadual e municipal por meio dos **Termos de Colaboração, Termo de Fomento e Acordo de Cooperação.**

5.2 AS DIFERENÇAS DAS ORGANIZAÇÕES DO TERCEIRO SETOR

É pertinente esclarecermos bem o Terceiro Setor, que vem trazendo uma nova dinâmica social, rompendo com a forma tradicional de gestão e objetivos, que veio sem alarde estabelecer-se como um agente de equilíbrio de toda uma sociedade que se sentia excluída das políticas públicas inalcançadas pelo Primeiro Setor e do processo de ofertas do Segundo Setor pelo desemprego, pobreza e miséria que assolam nosso país. Dentro desse contexto, o Terceiro Setor surge como uma ponte que pode amenizar essa dinâmica social. Vamos fazer um paralelo relacionado às diferenças existentes entre as organizações que integram o Terceiro Setor, que são as **associações e fundações.**

Quadro 4 –As diferenças entre Fundações e Associações

DIFERENÇAS	FUNDAÇÕES	ASSOCIAÇÕES
Natureza	Complexo de bens destinados à realização de fins culturais, sociais, recreativos etc.	Pessoa jurídica de direito privado voltado para fins sociais determinados.
Origem ou Forma de Criação	Manifesto de vontade do instituidor, meio de escritura pública (ou testamento) designando: – Os bens que servirão à futura entidade; – Quem irá organizá-la.	Ata de aprovação dos estatutos e eleição de dirigentes.
Finalidades ou Fins	É permanente, uma vez definida pelo instituidor, não pode ser alterada pelos administradores.	Passível de alteração por manifestação dos sócios (geralmente por maioria qualificada, na forma que dispuser o estatuto).
Personalidade Jurídica	– Lavratura da escritura da Instituição; – Elaboração de Estatuto pelos instituidores; – Aprovação do Estatuto pelo Ministério Público; – Registro do Estatuto e respectivas atas em cartório.	Registro do Estatuto e respectivas atas em cartório.

DIFERENÇAS	FUNDAÇÕES	ASSOCIAÇÕES
Patrimônio	Essencial para a constituição da Fundação, este deve ser suficiente e compatível com as finalidades da entidade.	Não requer patrimônio prévio para sua criação.
Vantagens/ Desvantagens	– Segurança em relação à perenidade dos fins desejados pelo(s) instituidor (es); – Credibilidade reforçada em função de ter necessariamente, um controle externo do MP.	– Flexibilidade na adaptação à vida Institucional a novos fins. – Autonomia. – Não exigência de patrimônio prévio
Administração	Diferencia-se o instituidor do administrador. Órgão típico: – O conselho curador (delibera e traça diretrizes); – Conselho Administrativo ou diretoria (executiva); – Conselho Fiscal (fiscaliza internamente).	Órgão Típico: – Assembleia (deliberativa); – Diretoria (executa ou delibera, conforme dispuser o Estatuto); – Conselho Fiscal (fiscaliza internamente)
Controle do Ministério Público (MP)	O MP por meio de uma promotoria especializada examina: – A escritura da instituição e a suficiência ou não da dotação de bens inicial; – Adequação ou não das atividades aos fins; – A legalidade e a pertinência dos atos dos administradores; – Aplicação dos recursos Financeiros etc.	– MP, genericamente, efetua uma vigilância em caráter suplementar, eventual e posterior. Podendo abrir inquérito civil ou procedimentos similares em caso de denúncias de irregularidades.

Fonte: elaborado pela autora

5.3 FORMAS DE QUALIFICAÇÃO DAS ORGANIZAÇÕES DO TERCEIRO SETOR

Quadro 5 –As diferenças entre Organizações Sociais, Oscips e Organização da Sociedade Civil

DIFERENÇAS		
ORGANIZAÇÕES SOCIAIS	OSCIPs	OCS – ORGANIZAÇÃO DA SOCIEDADE CIVIL
Lei n.º 9.637 – 15.5.98	Lei n.º 9.790 – 23.3.99	Lei n.º 2014 – 13.019
Entidades privadas sem fins lucrativos criadas pelo Poder Público.	Iniciativa privada sem fins lucrativos, que se aproxima do Poder Público.	Entidade privada sem fins lucrativos, criada pelo Marco Regulatório das Organizações da Sociedade Civil.
Criadas para gerir patrimônio público que continuará público.	Atuam em áreas típicas do setor público.	Criadas para prestarem serviço com finalidade social.
Privatização do público.	Publicização do privado.	Celebração de parcerias com o poder público
Contrato de gestão.	Termo de parceria.	Termo de colaboração, termo de fomento, acordo de cooperação
Objetivos mais restritos.	Objetivos mais amplos.	Objetivos mais amplos
Mais representantes do Poder Público e da sociedade do que de associados.	Corpo decisório normalmente formado pelos Associados.	Conselho de administração, participação obrigatória de representantes do poder público, membros da comunidade; diretoria e Conselho Fiscal.

Fonte: elaborado pela autora

Para a definição de cada organização seja ela associação ou fundação, pode-se optar por ser:

Organizações Sociais (OS): é uma organização do Terceiro Setor que solicita uma qualificação que deverá ser aprovada por meio do Ministério do Planejamento, Orçamento e Gestão, mediante um ato administrativo discricionário, permitindo a deliberação de que determinados serviços públicos sejam gerenciados por essas organizações para a realização de atividades por meio do **contrato de gestão**. As OS são definidas através da Lei n.º 9.637, de 1998, "como pessoas jurídicas de direito privado, sem fins lucrativos, das quais suas atividades serão dirigidas ao ensino, à pesquisa científica, ao desenvolvimento tecnológico, à proteção e preservação do meio ambiente, à cultura e à saúde" (Brasil, 1998).

Organização da Sociedade Civil de Interesse Público (OSCIP): é uma organização do Terceiro Setor que requer uma qualificação de OSCIP junto ao Ministério da Justiça, desde que esteja com todos os requisitos preenchidos. É pautada na Lei n.º 9.790, de 1999, que confere essa qualificação jurídica. Lógico que a organização deverá ser uma pessoa jurídica de direito privado; não ter finalidade lucrativa ou econômica; ter mais de três anos de sua constituição e funcionamento, assim como ter os objetivos sociais e as normas estatutárias adequadas à lei. As OSCIPs não têm obrigatoriedade de ter em sua gestão membros do poder público, porém deverão ter um conselho fiscal e atuar diretamente em projetos, planos ou programas da administração pública, sendo lhes permitido executar serviços não exclusivos do Estado com incentivo e fiscalização do poder público, com atuação nas áreas determinadas na própria lei, por meio do estabelecimento do *termo de parceria*.

Organizações da Sociedade Civil: são organizações do Terceiro Setor, autônomas, ou seja, pessoas jurídicas de direito privado constituídas legalmente por livre interesse e associação dos indivíduos. Trabalham em parceria com a administração pública. Tais organizações procuram destinar os recursos públicos de maneira mais eficiente à sociedade, acarretando inovações e transformação de práticas já existentes. Elas são responsáveis pela execução das atividades, enquanto o poder público pode se concentrar no exercício do controle e da avaliação dessas ações bem diversificadas, como na área da educação, saúde, cultura, meio ambiente, assistência social, defesa de direitos, dentre outras.

A Lei 13.019/2014 vem embasando esse novo marco regulatório das Organizações da Sociedade Civil (OSC), permitindo fomentar oportunidades de parceria entre o poder público e elas, para que possam somar forças e, assim, contribuir para o fortalecimento e a disseminação de políticas públicas setoriais. Com o esclarecimento entre as organizações, podemos entender a forma como o Terceiro Setor passou a contribuir para o desenvolvimento do Brasil, trazendo soluções por meio de um espaço aberto para a iniciativa privada e, o principal, mantendo a participação do Estado em sua responsabilidade pelas execuções dos serviços de interesse geral, mas não sendo o único responsável, entendendo e permitindo também a contribuição de outros atores privados e da sociedade civil organizada.

CAPÍTULO VI

CENÁRIO ATUAL DO TERCEIRO SETOR

6.1 CONHECENDO O TERCEIRO SETOR

O Terceiro Setor é reconhecido como um setor em desenvolvimento. Todavia, o seu potencial crescimento dentro de uma realidade dotada de grande força econômica e social, vem agregando valor, sobretudo na forma que ele está sendo gerenciado e adaptado a mudanças ocorridas no país. Essa demanda gerencial precisa ser cada vez mais preparada e qualificada, pois tem que estar consciente a respeito das mudanças e dos acontecimentos que ocorrem nessa área e, principalmente, estar aliada ao interesse e à importância que o setor representa no conjunto das organizações do Terceiro Setor. Além disso, há que considerar o desenvolvimento de uma cultura organizacional diferenciada, portando-se ao lado da gestão da organização pública baseada no poder e na gestão privada fundamentada na visão do lucro, enquanto, nas instituições do Terceiro Setor, ela é gerenciada e alicerçada na solidariedade, visando o atendimento das necessidades sociais.

Nota-se, entretanto, que a classe empresarial há muito começou a quebrar esse paradigma, despertando e mobilizando-se para implantar estratégias de ação social em suas empresas. Dessa forma, representa um impacto positivo nessa área, mormente quando atinge os elos mais frágeis da sociedade, como os idosos, as crianças e os adolescentes em permanente situação de risco social.

No Brasil, o terceiro setor está ainda em fase de afirmação e de definição de seu perfil, como Ruth Cardoso (1997, p. 1) afirma:

> Tudo isso é novo e está se configurando debaixo de nossos olhos. O próprio conceito de Terceiro setor, seu perfil e seus contornos ainda não estão claros nem sequer para muitos dos atores que o estão compondo. São vários os termos que temos utilizado para caracterizar este espaço que não é estado nem mercado e cujas ações visam ao interesse público: iniciativas sem fins lucrativos filantrópicas, voluntárias. Recorremos hoje

à expressão Terceiro Setor para distingui-lo do primeiro, que é o setor público, e do segundo, representado pelas atividades lucrativas. Com essa denominação, queremos também enfatizar o caráter autônomo e inédito desse algo novo que está mudando a sociedade e que se define por não ser nem governo nem empresa, por não querer submeter-se nem a lógica do mercado nem a lógica governamental.

Por isso, há uma grande necessidade de evolução no gerenciamento desse setor, deixando de lado a visão particularista que, durante muito tempo, permitiu que essas organizações realizassem seu trabalho, mesmo com significativos resultados. Tornou-se uma forte tendência partir para uma visão holística que permita situar suas ações dentro de um complexo maior, incluindo a discussão do seu papel perante o Estado e o Mercado. Essa mudança que iniciou no final do século XX já era prevista no âmbito acadêmico, pois o sociólogo alemão Claus Offe (1989) tinha defendido a seguinte tese:

> Está em curso uma gigantesca reforma nas relações do cidadão com o governo; e ao lado do Estado e o Mercado, entidades comunitárias como as ONGs e as Igrejas vão formar uma nova ordem social". E ele afirma, ainda: é onde o cidadão vai encontrar a solidariedade sem interesses.

É correto afirmar que as organizações que compõem o Terceiro Setor estão, a cada dia, superando-se, tanto por iniciativas de ações inovadoras de desenvolvimento social por meio de parcerias, como também pelo fortalecimento da sociedade civil. Para tanto, essas organizações precisam buscar o reconhecimento tanto público quanto privado. Logo, deverão estar constituídas como personalidade jurídica privada, com sentido público e requerer os certificados que lhes concedam reconhecimento da idoneidade, isenção de tributos e outros benefícios que vêm também lhes proporcionar credibilidade junto aos entes públicos e privados, lisura em sua gestão e atração de investimentos em seus projetos.

6.2 CERTIFICADOS CONCEDIDOS

Quais são esses certificados? Atualmente, existem dois certificados concedidos às organizações do Terceiro Setor.

6.2.1 Título de utilidade pública federal, estadual e municipal

O título de utilidade pública federal era emitido pelo Ministério da Justiça, mediante a apresentação de diversos documentos que comprovem o serviço prestado em prol da comunidade em que atua. Esse título é habitualmente exigido para que fosse reconhecida a entidade à imunidade de impostos estaduais e municipais, como ICMS, IPVA, IPTU e ISS, assim como a isenção do pagamento da cota patronal ao INSS. Porém, no Brasil, foram poucas as entidades que conseguiram tal certificado de "utilidade pública". Segundo pesquisas, não chegaram nem a 10% da totalidade das organizações existentes, até porque não existiam divulgações e informações suficientes que as incentivassem a se credenciarem, demonstrando a importância para cada uma delas.

E por que me reportei que era emitido o título de utilidade pública? Vamos esclarecer essa questão.

O título de Utilidade Pública Federal (UPF) traz em seu bojo alguns benefícios consentidos a uma entidade sem fins lucrativos. Hoje, são proporcionados os mesmos benefícios às entidades que são qualificadas como Organização da Sociedade Civil de Interesse Público (OSCIP). Desse modo, a conclusão evidente é que esses benefícios, que antes eram apenas reservados às entidades com utilidade pública e, posteriormente, às OSCIP, atualmente, são direito de todas as entidades sem fins lucrativos, sem tantos critérios que antes eram exigidos, dando mais credibilidade às instituições sérias, das quais era mais fácil separar o joio do trigo.

Segundo as informações https://redepapelsolidario.org.br/, "o título de UPF foi extinto, até porque a lei que o instituiu, Lei nº 91 de 28/08/35 foi revogada". Vale ressaltar "que a Lei 9.790/99 que o revogou, não interfere nos marcos jurídicos anteriores, em especial no título de Utilidade Pública Federal e no Certificado de Entidade Beneficente de Assistência Social (antigo Certificado de Entidade de Fins Filantrópicos)". Ou seja, para a instituição que já tinha o título de utilidade pública federal e não optou em qualificar-se como Oscip, o título continua valendo, pois a lei não retroage. Logo, o Ministério da Justiça não concederá novos títulos de UPF, nem renovará os existentes e não receberá mais prestações de contas anuais das UPFs. Isso se justifica devido à revogação da Lei n.º 91/35 que tratava do título de utilidade pública federal, sendo suplantada pela Lei n.º 13.204/15.

Para https://redepapelsolidario.org.br/, "um dos requisitos para a obtenção do Certificado de Entidade Beneficente de Assistência Social é ter a Declaração de Utilidade Pública". "Se no caso, a organização optar pela qualificação de OSCIP, perderá automaticamente a de Utilidade Pública e, consequentemente, o Certificado do Conselho Nacional de Assistência Social". E isso é bem esclarecedor. Recorro novamente a https://redepapelsolidario.org.br/, que diz:

> A revogação do título de UPF resulta de um conjunto de medidas de desburocratização das relações do Estado com as Organizações da Sociedade Civil (OSCs). Nesse contexto, a Lei nº 13.019/14 (do Marco Regulatório das Organizações da Sociedade Civil – MROSC), que entrou em vigor no dia 25/01/2016, universalizou determinados benefícios a todas as organizações sem fins lucrativos (art. 84B), sem a necessidade de certificação. Além disso, nenhum órgão poderá exigir o certificado de UPF para nenhum fim. Estas mudanças estão regulamentas na Portaria MJ nº 362, de 1º de março de 2016.

Podemos inclusive levantar uma questão bem relevante: como ficam os títulos de Utilidade Pública Estadual (UPE) e Utilidade Pública Municipal (UPM) que também foram extintos?

Segundo https://redepapelsolidario.org.br/, "Não vale lembrar que tais títulos foram instituídos por legislação específica dos estados e municípios e, a não ser que estes entes federados resolvam acompanhar a federação, tais títulos continuam válidos e apesar, não trazerem grandes benefícios, sugere-se sua manutenção e prestação de contas". Foi levantada mais uma questão bem pertinente, por meio de https://www.gazetadopovo.com.br.

> As consequências da extinção do Título de Utilidade Pública Federal através da Lei nº 13.019/14 (do Marco Regulatório das Organizações da Sociedade Civil – MROSC). Embora a nova legislação tenha ampliado os benefícios para quase a totalidade das Organizações da Sociedade Civil, entendemos que o fato de não mais se exigir qualquer tipo de controle prévio (ex ante) através de titulação/qualificação para a fruição destes benefícios abre margem a problemas de ordem ética, exigindo-se maior controle posterior (ex post) por parte dos órgãos administrativos.

A meu ver, concordo plenamente. Se antes havia um controle realizado pelo Ministério da Justiça referente às prestações de contas das organizações que eram contempladas com o título de utilidade pública federal, demonstrava-se aos entes públicos, privados e sociedade em geral a credibilidade delas. Mesmo assim, ainda existia um descontrole, imagina essa abertura que foi feita abertamente. Que controle terá dos recursos públicos destinados a essas organizações?

6.2.2 Cebas: Certificado de Entidade Beneficente de Assistência Social

Certificado concedido pelo Governo Federal, por meio do Ministério da Educação, do Desenvolvimento Social e Agrário ou da Saúde, às pessoas jurídicas de direito privado, sem fins lucrativos, reconhecidas como entidades beneficentes de assistência social que atuam exclusiva na área de assistência social, saúde e/ou educação e cumprem um conjunto de requisitos previstos na Lei n.º 12.101/2009 e no Decreto n.º 8.242/2014. Uma das grandes vantagens para as entidades sociais terem a certificação do Cebas é que elas podem usufruir da imunidade contributiva para a seguridade social, ou seja, desfrutar da isenção de contribuições sociais, tais como: contribuição previdenciária patronal e RAT (prevista no Art. 195, § 7º, da Constituição), Contribuição Social sobre o Lucro Líquido (CSLL), Contribuição para o Financiamento da Seguridade Social (Cofins) e Contribuição PIS/Pasep, além dos benefícios como imunidade ou descontos nas taxas de água, luz, IPTU e IPVA e, ainda, a priorização na celebração de contratos e convênios com o poder público.

A atualização do Cebas vem por meio da Lei Complementar (LC) n.º 187, de 16 de dezembro de 2021, na qual o Congresso Nacional vem complementar um vácuo parlamentar muito grande existente desde a Constituição brasileira de 1988, ou seja, a constituição cidadã. Nesse ínterim, faltava algo que pudesse regulamentar corretamente o usufruto das entidades que são beneficiadas com a imunidade tributária em relação às contribuições sociais (Art. 195, § 7º, da Constituição da República), em relação às Organizações da Sociedade Civil (OSC) que agem na esfera do Terceiro Setor (assistência social, educação e saúde).

Com o advento da Lei Complementar n.º 187/2021, no Art. 4º, traz explicitamente a definição de que trata a imunidade tributária das entidades do Terceiro Setor, a contém a cota patronal da contribuição previdenciária, assim como Contribuição para o Financiamento da Seguridade Social (Cofins), Contribuição Social sobre o Lucro Líquido (CSLL), contribuições sociais sobre a receita de concursos de prognósticos e sobre as importações de bens e serviços do exterior, tal qual o Programa de Integração Social (PIS) sobre a folha de pagamento. São isenções que contribuem e muito para a gestão das organizações do Terceiro Setor e que grande parte dessas instituições não tem conhecimento dessas prerrogativas.

Segundo o Supremo Tribunal Federal (STF), em fevereiro de 2021, foi decidido pela inconstitucionalidade de vários artigos da Lei n.º 12.101/2009 (lei ordinária). Para o STF, exclusivamente, LC possui legitimidade constitucional para regular todas as premissas para as benesses da imunidade tributária relacionadas às entidades beneficentes, ou seja, quem possuem o Cebas ou certificação de filantropia federal tem seu reconhecimento de "beneficência" por parte da Receita Federal e "salvo-conduto" formalizado para as benesses da imunidade tributária formalizada pela Constituição Federal de 1988 (Art. 195, § 7º).

6.3 QUALIFICAÇÕES CONCEDIDAS

A qualificação da Organização da Sociedade Civil de Interesse Público (Oscip) refere-se à qualificação regulamentada por meio da Lei n.º 9.790, sancionada no dia 23 de março de 1999, conhecida como a "nova lei do Terceiro Setor". Ela veio juntar-se às titulações anteriores, como: Título de Entidade de Utilidade Pública (no âmbito federal, Lei n.º 91, de 28/08/35; Lei n.º 6.639, de 08/05/79; Decreto n.º 50.517, de 02/05/61; Decreto n.º 60.931, de 04/07/67) e Certificado de Entidade de Fins Filantrópicos, atualmente, chamado de Certificado de Entidade Beneficente de Assistência Social (Cebas) (Lei n.º 8.742, de 08/12/1993; Decreto n.º 2.536, de 06/04/98; Decreto n.º 3.504, de 13/06/00; Resolução n.º 177, de 10/08/00, do Conselho Nacional de Assistência Social; Lei Complementar – LC n.º 187, de 16 de dezembro de 2021, que determina a legitimidade constitucional para regular os preceitos para o usufruto da imunidade tributária, conforme dispõe o Art. 146, inciso II, da Carta da República[1]).

---

[1] As DUPF são regidas pela Lei 91, de 28/08/1935, Lei 6.639, de 08/05/1979, Decreto 50.517, de 02/05/1961, e Decreto 60.931, de 04/07/1967; e os CFF, regidos pela Lei 8.742, de 08/12/1993, Decreto 2.536, de 06/04/1998, Decreto 3.504, de 13/06/2000, e Resoluções, de 10/08/2000, do Conselho Nacional de Assistência Social, e assim ter o direito da isenção patronal da Contribuição para a Seguridade Social (INSS).

Essa qualificação é solicitada tanto por uma associação ou por fundações, ou seja, uma organização do Terceiro Setor que é concedida no âmbito federal, por meio do Ministério da Justiça. Isso possibilita firmar o Termo de Parceria com o poder público, viabilizando, assim, a aplicação menos rígida dos recursos públicos desburocratizados, trazendo mais garantias, por meio de um mecanismo de controle, de que o valor dos recursos será de fato destinado aos fins sociais, que são saúde, educação e assistência social. A "nova Lei do Terceiro Setor" veio para estimular seu crescimento deste, fortalecer a Sociedade Civil e alavancar o investimento do capital social no país. Ela foi o resultado de um trabalho das organizações sociais, a sociedade, o governo federal e o Congresso Nacional, articulado pelo Conselho da Comunidade Solidária, seu objetivo era de reduzir os custos operacionais e agilizar os procedimentos para o reconhecimento institucional, potencializando a realização de parcerias com os governos.

As Organizações Sociais (OS) são entidades privadas e sem fins lucrativos reconhecidas como uma organização do "Terceiro Setor", que, segundo a Lei Federal n.º 9.637/98, regularizaram-se a poder atuar em complementação ao Estado a execução de serviços não exclusivos do Estado, sem integrar a administração pública, mas legitimadas pelo princípio constitucional da subsidiariedade, que autoriza a repartição das atribuições estatais com a sociedade, em prol do Estado Social de Direito, recebendo, por vezes, recursos públicos. Essas organizações sociais possuem um regime próprio e estabelecem que o Poder Executivo possa qualificar exercício de atividades dirigidas ao ensino, à pesquisa científica, ao desenvolvimento tecnológico, à proteção e à preservação do meio ambiente, à cultura e à saúde, mediante o decreto do Poder Executivo, que estabelece a criação do Programa Nacional de Publicização (PNP).

Ao ser qualificada como organização social, a organização passa a participar de processos de seleção, por meio do chamamento público para gerir serviços públicos. Para Celso Antônio Bandeira de Mello (2008, p. 222)[17].

> Organizações Sociais não são pessoas da Administração Indireta, pois como além se esclarece, são organizações particulares alheias à estrutura governamental, mas com as quais o Poder Público (que as concebeu normativamente) se dispõe a manter "parcerias" com a finalidade de desenvolver atividades valiosas para a coletividade e que são livres à atuação da iniciativa privada, conquanto algumas delas, quando exercidas pelo Estado, se constituam em serviços públicos".

O que é o chamamento público? É um procedimento aplicado pela administração pública para executar atividades ou projetos que tenham interesse público. É uma parceria celebrada por meio de termos de colaboração, fomento ou acordos de cooperação, ou seja, o poder público, após exame das propostas, elege a que vem ao encontro para melhor atender a esse interesse e realiza com a entidade agraciada o contrato de gestão, da qual vêm definidos alguns critérios:

- os direitos e obrigações das partes;

- o programa de trabalho e os prazos de execução;

- os critérios de avaliação;

- os limites de remuneração dos dirigentes e empregados da organização social.

Essas cláusulas devem ser concisas para que seja permitido o controle do uso dos recursos públicos. Para tanto, vários organismos de controle de verbas públicas estão coordenados no direcionamento para que as organizações sociais possam contratar com terceiros, sem necessariamente realizar o processo licitatório que consta no regulamento, considerando os princípios da legalidade, moralidade, publicidade, impessoalidade, economicidade e eficiência, bem como a realização de cotações prévias de preços no mercado.

O Terceiro Setor, como vamos descrever a seguir, vem crescendo imensamente e podemos considerar o fato dele vir com uma proposta de executar atividades realmente eficazes para minimizar os problemas sociais existentes, ainda que com parcos recursos, sem muita qualificação em seu quadro funcional, poucos incentivos reais do poder público, falta de percepção das pessoas pelo trabalho voluntário e pelo comprometimento social. O Terceiro Setor visa um desenvolver um trabalho que proporcione dignidade para o homem e qualidade de vida na sociedade e no planeta, porém, quase sempre, sem remuneração financeira para aqueles que visam muito além do econômico.

Para termos noção desse crescimento do Terceiro Setor, considera-se a conjuntura política, social e econômica dos brasileiros relacionada ao enfrentamento da crise econômica que perdura por vários anos e, com isso, decorre o desaceleramento da economia, o crescimento dos desempregos, aumente o da fome, da violência e das desigualdades sociais. O Terceiro Setor é justamente o que vem se encaixando como o perfeito ator principal desses pontos nevrálgicos, visto que ele oportuniza atendimento a uma grande parcela da população que se encontra em situação de vulnerabilidade social. Segundo dados do Instituto de Pesquisa Econômica Aplicada (Ipea) sobre as organizações do Terceiro Setor ou organizações da sociedade civil que vêm trazendo informações bem relevantes quanto ao perfil das OSCs nacionais, é demonstrada a sua importância:

- 820.400 Organizações;

- 709 mil ou 86% são associações civis sem fins lucrativos;

- 99 mil ou 12% são organizações religiosas;

- 12 mil ou 2% são fundações privadas;

- Emprega mais de 3 milhões de pessoas com carteira assinada no Brasil: 9,5% do total, conforme um estudo do economista José Roberto Afonso;

- Corresponde a 3,8 vezes o superior ao número de empregados em todas as estatais do país, ou seja, aproximadamente 4 vezes mais;

- Segundo o IBGE, o terceiro setor já tem uma participação oficial de 1,4% na formação do PIB, o que significa um montante de aproximadamente R$ 32 bilhões no Brasil;

- O total de voluntários no Brasil é de 19 milhões de pessoas, o que significa 4,4% da população de 14 anos de idade ou mais. O número de brasileiros que fazem trabalho voluntário cresceu 12,9%, conforme dados de 2018 da National Survey of Nonprofit and Voluntary Organizations, National Council of Nonprofit Association, IBGE – Cadastro Central de Empresas 2002 (As Fundações Privadas e Associações sem Fins Lucrativos no Brasil) e The Johns Hopkins University;

- No Brasil, pesquisadores acreditam que os investimentos sociais provenientes de outros países devem alcançar a quantia de US$ 150 milhões, aproximadamente;

- Segundo afirma Ricardo Falcão, economista e consultor na área de captação de recursos, "O maior volume de recursos vai para o meio ambiente, geração de renda, crianças e jovens". "As poucas estatísticas concretas só falam dos valores oficiais, enquanto os valores não oficiais aplicados para estes fins no país são muito maiores";

- Pesquisadores da The Johns Hopkins University afirmam que o "Terceiro Setor é a oitava força econômica mundial, movimentando US$ 1,1 trilhão por ano. Considerando os resultados de 35 países, incluindo o Brasil, já são 39,5 milhões de pessoas que trabalham na área ou cerca de 6,8% da população em idade de trabalhar";

- Somente no mercado de trabalho brasileiro, o número de contratações no setor social passou de 1,5 milhão, em 1995, para 3 milhões, em 2002 — mais da metade deles com carteira assinada.

Algumas correntes de pesquisadores afirmam que esse número já chega a 5 milhões de trabalhadores. Segundo dados de Pedro Peduzzi, da Agência Brasil, no país, o que um pobre gasta em um ano é o mesmo gasto por um rico — que faz parte de 1% da população — em três dias. A constatação é do Instituto de Pesquisa Econômica Aplicada (Ipea) que divulgou hoje (24/9) uma análise com base nos dados apresentados na semana passada pela Pesquisa Nacional por Amostra de Domicílios (Pnad) relativa ao ano de 2008. "Apesar de estar registrando desde 2001 queda da desigualdade social num ritmo realmente bom, o Brasil ainda é um monumento à desigualdade. Aqui, uma família considerada pobre leva um ano para gastar o mesmo que o 1% mais rico gasta em apenas três dias", informa o pesquisador do Ipea Sergei Soares.

6.4 O TERCEIRO SETOR NO MUNDO

Segundo um levantamento efetuado por Lester Salomon da Universidade Johns Hopkins nos Estados Unidos, movimentam US$1,9 trilhão por ano", ou seja, algo em torno de R$ 9,8 trilhões, com dólar atualizado, levando em comparação com o PIB do Brasil que em 2021 é de R$ 8,42 trilhões, segundo dados do Boletim Macrofiscal e divulgado pelo Ministério da Economia.

Vamos perceber a diferença de R$ 1,38 trilhões, o que já deveria ser um motivo grandioso para o governo, as empresas privadas e a sociedade civil valorizarem e investirem mais nesse setor social que realmente é o que chega à linha de frente ou na ponta das mazelas sociais, tentando curar essa ferida que nunca cicatriza pela falta da intervenção, com o cuidado necessário a população deste país. Ao considerarmos esse estudo realizado por Salomon que foi efetuado em 40 países, esses valores movimentados pelas ONGs no mundo equivale a cerca de 5,1% do PIB desses países. Caso o Terceiro Setor fosse um país independente, seria a oitava maior economia do planeta.

- ONG é um acrônimo usado para as organizações não governamentais (sem fins lucrativos) que atuam no Terceiro Setor da sociedade civil.

- Estimativas indicam que o setor social é o segmento que mais cresce em todo o mundo. A Universidade Johns Hopkins divulgou o número de voluntários no mundo em conjunto com o Programa das Nações Unidas para o Desenvolvimento (Pnud). São 140 milhões de pessoas que mobilizam cerca de U$ 400 bilhões ao ano.

- O Terceiro Setor movimenta 8% do PIB no mundo.

- As organizações sem fins lucrativos já empregam 46% das vagas oferecidas pelo setor público no mundo.

- Movimenta grande quantidade de recursos financeiros provenientes das doações e investimentos privados designados para o incremento de diversos projetos solidários.

6.5 O TERCEIRO SETOR ESTADOS UNIDOS DA AMÉRICA

Começamos esta descrição pelos Estados Unidos, com informações mais recentes que constam dados sobre esse setor tão abrangente, inovador, criativo e desenvolvedor de uma nova mentalidade humana e social nos negócios. Conforme dados do Posted, de julho de 2018, o terceiro setor é constituído por organizações sem fins lucrativos e não governamentais que tem como objetivo gerar serviços de caráter público. Empresas com responsabilidades sociais/entidades sem fins lucrativos/fundos comunitários/entidades beneficentes e fundações são os principais personagens do terceiro setor:

- nos Estados Unidos, é bastante comum a cultura da doação de verbas para projetos sociais de escolas e universidades, enquanto, no Brasil, as contribuições, em geral, destinam-se às ONGs;

- o Terceiro Setor nos Estados Unidos movimenta anualmente 600 bilhões de dólares, empregando 12 milhões de trabalhadores remunerados, além de inúmeros voluntários;

- só no Canadá, existem 161 mil organizações voluntárias que possuem uma receita anual de US$112 bilhões ou 6,8% do PIB. Se contarmos o trabalho voluntário realizado, há um acréscimo de US$ 14 bilhões ou 1,4% do PIB, gerando um total de contribuição do Terceiro Setor para a economia de 8,2% do PIB, segundo dados da Imagine Canada e National Survey of Nonprofit and Voluntary Organizations;

- desse total das receitas das entidades canadenses do Terceiro Setor, 51% advêm do governo, segundo a National Survey of Nonprofit and Voluntary Organizations;

- o estudo da National Survey of Nonprofit and Voluntary Organizations (NSNVP), desenvolvido pelo Statistics Canadá, revela que, do total de entidades sociais canadenses, 46% têm pessoal pago e empregam quase 2 bilhões de pessoas, de acordo com Laura Gelbert, da Rádio ONU, em Nova York.

- cerca de 6,5 milhões de pessoas fazem trabalho voluntário no país, o que representa 3,9% da população de mais de 14 anos;

- ou seja, em 2016, quatro em cada cem pessoas realizaram algum trabalho voluntário, no país;

- hoje, existem cerca de 1,4 milhão de entidades sociais americanas;

- existem mais de 66 mil fundações nos Estados Unidos, sendo que a 10º colocada tem 10 bilhões de dólares de patrimônio e a maior fundação tem 1 bilhão de dólares;

- trinta e quatro por cento das organizações sociais americanas atuavam na área de serviços sociais, em 2003, de acordo com a

National Survey of Nonprofit and Voluntary Organizations, National Council of Nonprofit Association, IBGE – Cadastro Central de Empresas 2002 (in As Fundações Privadas e Associações sem Fins Lucrativos no Brasil), The Johns Hopkins University;

- Bill & Melinda Gates Foundation foi criada por Bill Gates, fundador e ex-presidente da Microsoft, e por sua esposa, Melinda Gates. Ela tem como objetivo central a melhoria das condições de vida, nomeadamente na saúde e a luta contra a pobreza;

- fundos Comunitários Community Chests são muito comuns nos Estados Unidos;

- em vez de cada empresa doar para uma entidade, todas as empresas doam para um Fundo Comunitário, sendo que os empresários avaliam, estabelecem prioridades e administram efetivamente a distribuição do recurso arrecadado;

- nos Estados Unidos, essa categoria é chamada também de Advocacy Groups, isto é, organizações que lutam por uma causa. Lá, como aqui, elas são muito poderosas politicamente. ONGs Organizações Não Governamentais;

- Unicef é a sigla para Fundo das Nações Unidas para a Infância, em inglês "United Nations Childrens Fund", e é uma agência das Nações Unidas. A Unicef tem o objetivo de promover a defesa dos direitos das crianças, suprir suas necessidades básicas e contribuir para o seu desenvolvimento e está presente em 191 países e territórios de todo o mundo;

- as Organizações não Governamentais (ONGs) são as instituições mais confiáveis para os americanos e os europeus, enquanto governos e empresas estão perdendo credibilidade aos olhos dessas populações.

Declara Lucianne Carneiro que:

> Na Massachusetts Institute of Technology (MIT) e na Universidade de Harvard, nos Estados Unidos, existem recursos investidos por ex-alunos e empresas, o que é uma prática comum nos EUA, esses fundos, chamados de endowments,

chegam a reunir mais de US$ 30 bilhões, como é o caso de Harvard, porém, no Brasil essa prática de doação para a educação e principalmente a Universidades ainda é muito rara.

Conforme o professor de Política Educacional da Faculdade de Educação da Universidade de São Paulo (USP) Romualdo Portela de Oliveira,

> Há na elite dos EUA uma percepção de responsabilidade com a educação e as doações são muito frequentes, no Brasil, essa atitude é pontual, isolada, algo infinitamente menor. Nossas elites têm muito pouco compromisso com o futuro da nação. Há uma percepção de que isso é responsabilidade do Estado.

6.6 AS QUATRO MAIORES ORGANIZAÇÕES DO TERCEIRO SETOR

Citaremos a seguir as quatro maiores Instituições Filantrópicas dos Estados Unidos da América, em 2018, isso entre as 100 melhores, segundo William P. Barrett do qual transcrevo os dados.

- **1º lugar**: a United Way é uma rede de mais de 1.000 unidades, tem sua sede em Alexandria, na Virgínia, declarou suas doações de US$ 3,47 bilhões, mesmo a quantia sendo 2% menor que os US$ 3,54 bilhões recebidos anteriormente, sendo 16% menor dos US$ 4,14 bilhões angariados pela United Way, em 2007. Sua estrutura é em forma de franquias que capta seus recursos por meio de doações mediante deduções nos salários autorizados pelos trabalhadores e depois é definido onde serão prioritários seus investimentos.

- **2º lugar**: Feeding America é uma rede de mais de 200 bancos de alimentos com sede em Chicago. Ela declarou US$ 2,65 bilhões em doações, sendo 11% de aumento em relação ao ano anterior. Desse valor, US$ 110 milhões foram doações em forma de suprimentos, alimentos e doações em espécie.

- **3º lugar**: Americares Foundation tem como mote a ajuda humanitária em todo o mundo. Ela declarou o recebimento de US$ 2,38 bilhões em doações, com um acréscimo 160% em relação ao ano anterior, sendo que US$ 36 milhões foram em dinheiro e o restante, em doação de suprimentos.

- **4º lugar**: Task Force for Global Health (Força-Tarefa para a Saúde Global), instituição de caridade com sede Decatur, Georgia, que provê assistência médica no exterior, ela revelou doações de US$ 2,16 bilhões, sendo um decréscimo de 19% em analogia ao ano anterior. Exceto US$ 19 milhões, foram doados em bens.

Esse ranking na lista da *Forbes* das maiores instituições de caridade dos EUA é determinado pela quantidade de contribuições privadas feitas durante o último período fiscal, excluindo os subsídios governamentais, receita da venda de produtos ou prestação de serviços e retornos de investimentos.

As instituições que foram classificadas até 100 arrecadaram aproximadamente US$ 49,1 bilhões, ou seja, houve um acréscimo de 5% no que se refere ao ano anterior.

6.7 O TERCEIRO SETOR NA EUROPA

Na Europa, existem milhares de entidades beneficentes que atuam em inúmeros setores sociais, prestando assistência para pessoas de baixa renda, educação, saúde e, inclusive, com ajuda a imigrantes. Em países como Itália, França e Alemanha, as instituições sem fins lucrativos atingem anualmente mais de 3% do PIB nacional. O Terceiro Setor está em crescimento também na Europa, onde A Third Sector Impact Community (TSI), instituição da sociedade civil e coordenadora de projetos, tem como objetivo a realização de pesquisas e consultoria para o Terceiro Setor na Europa e tem mais de cem investidores. Ela está desenvolvendo um projeto chamado de Third Sector Impact (impacto do Terceiro Setor), sendo uma pesquisa comparativa realizada por mais de 30 pesquisadores e dez universidades parceiras da Europa que se propõem a dar visibilidade por meio de informações aos cidadãos, políticos e ativistas europeus quanto à dimensão, à definição e aos impactos e obstáculos encarados pelas organizações sem fins lucrativos europeias.

Essa pesquisa já constatou grandes diferenças no Terceiro Setor Europeu, como:

- Na Croácia e Polônia, estão bem devagar em relação ao tema e justifica-se por terem tido um recente passado sob regime comunista.

- Áustria, França, Alemanha e Holanda constituem modelo predominante sobre o Terceiro Setor europeu, tendo uma afinidade bem próxima com o estado.

- Na Escandinávia e Noruega, demonstra-se que o Terceiro Setor funciona mais como uma ferramenta de envolvimento cívico e voluntariado do que provedor de serviços.

- Enquanto na Espanha e Itália, sua linha de atuação é a "economia social".

- No Reino Unido, segue-se um padrão liberal do ativismo de caridade. https://www.gov.scot/policies/third-sector/

Segundo pesquisa da Community Wealth Ventures Inc, atualmente há aproximadamente 42 fundos de *venture philanthropy* nos Estados Unidos e na Europa 26 fundos, onde 17 têm atuação internacional. https://communitywealth.com/

Outra pesquisa realizada pela European Venture Philanthropy Association divulga que esse padrão de investimento já representa 2% do PIB americano e 1% do europeu, os quais expressam dezenas de bilhões de dólares investidos de forma estratégica nas organizações sem fins lucrativos, retratando essa modalidade de investimento social.

Para Katherine Fulton, presidente do Monitor Institute (www.monitorinstitute.com), o *venture philanthropy* representa uma mudança de paradigma para a filantropia. "Estamos transformando nossos atos em uma nova forma de pensar. A filantropia está se reorganizando aos nossos olhos, assim como diversas áreas do setor social e dos negócios, que nos convidam a olhar de forma diferente para antigas premissas", complementa.

Para Daniela Barone Soares, economista que é especialista no assunto, "a essência do modelo de venture philanthropy é a geração de valor social com qualidade atestada pelo mercado".

No Brasil, existe há mais de dois anos o Fundo Ninho, uma organização Nonprofit Enterprise and Self-sustainability Team (NESsT), que tem como objetivo oferecer incentivos financeiros e capacitação para a base das atividades sociais das organizações sociais com o autofinanciamento, minimizando a necessidade constante por doações. Atualmente, dispõe de sete ONGs que obtêm seu auxílio e que já atuam em mais nove países da Europa Oriental, da América Central e da América do Sul.

Mariana Nicolleti, a porta-voz da NESsT, no Brasil, declara que existem etapas a serem seguidas para a consecução do programa: planejamento, elaborando um plano de negócio para as ONGs, que entra na fase de incubação durante aproximadamente três anos. Em seguida, "as organizações passam a receber doações com verbas vindas do Fundo, além de serem assessoradas por executivos com altos cargos, que doam parte de seu tempo e expertise para essas instituições. Esperamos que depois desse estágio elas possam estar em outro patamar para caminhar sozinhas", revela Mariana. Para Nicolleti, "O fundo acaba atuando como uma ponte que conecta o terceiro setor com o universo empresarial. Eles falam línguas diferentes e se conhecem pouco. Fazemos o meio de campo para traduzir essas linguagens e facilitar a integração". "Acreditamos que ambos os setores devem compreender que são complementares e precisam estar olhando para o mesmo lugar, afinal a sociedade e o planeta são os mesmos para todos nós".

Como percebemos nos Estados Unidos e Europa, eles têm informações relevantes atualizadas em relação ao perfil das organizações do Terceiro Setor, sabendo exatamente como e onde estar agindo estrategicamente para o atendimento das necessidades da população, proporcionando a elas uma forma de gestão eficiente e profissional. É justamente sobre essa profissionalização e visão holística gerencial que ouso transcrever a publicação, de um estudo sobre a "Evolução recente da economia social na União Europeia", que foi recomendada pelo Comité Económico e Social Europeu (Cese) e realizada pelo Ciriec. Esse estudo foi elaborado e desenvolvido por três grandes profissionais, Luca Jahier — presidente do Grupo de Interesses Diversos Comité Económico e Social Europeu (Cese) —, Alain Coheur — porta-voz da Categoria da Economia Social Comité Económico e Social Europeu (Cese) — e Krzysztof Balon — porta-voz da Categoria da Economia Social Comité Económico e Social Europeu (Cese). Eles tiveram a fantástica ideia de traçar o perfil geral dessas organizações sociais na comunidade europeia, demonstrando, dessa maneira, suas visões diferenciadas e suas formas de agir, porém evidenciando, principalmente, sua grande importância para a criação de uma estratégia de desenvolvimento da economia social em longo prazo.

"O principal objetivo do relatório elaborado pelo CIRIEC é estudar a evolução recente da economia social na União Europeia (UE) e nos seus 28 Estados-Membros, esse estudo publicado desde 2008 corroboram seus empenhos em apoiar e promover a economia social na Europa". Como falei anteriormente, estou ousando transcrever *ipsis litteris* esse relatório, que é de grande importância para conhecermos com que seriedade e mérito que é facultado ao "reconhecimento nacional do conceito de economia social e dos novos conceitos com ela relacionados". Assim, citaremos os resultados desse estudo:

Países em que o conceito de economia social é amplamente reconhecido: Espanha, França, Portugal, Bélgica e Luxemburgo que o conceito de economia social goza de maior reconhecimento por parte das autoridades públicas e dos meios científicos e acadêmicos, bem como do próprio setor da economia social. Os dois primeiros países destacam-se, na medida em que a França é o local de origem deste conceito e a Espanha aprovou, em 2011, a primeira lei nacional europeia sobre a economia social.

Países em que o conceito de economia social goza de um nível de reconhecimento moderado: entre estes, a Itália, Chipre, Dinamarca, Finlândia, Suécia, Letónia, Malta, Polónia, Reino Unido, Bulgária, Grécia, Hungria, Irlanda, Roménia e Eslovénia.

Nestes países, o conceito de economia social coexiste com outros conceitos, como os de setor sem fins lucrativos, setor do voluntariado e empresas sociais. "No Reino Unido, o baixo nível de sensibilização para a economia social contrasta com a política governamental de apoio às empresas sociais.

Países em que reconhecimento do conceito de economia social é reduzido ou inexistente: o conceito de economia social é pouco conhecido, emergente ou desconhecido nos seguintes países: Áustria, República Checa, Estónia, Alemanha, Letónia, Lituânia, Malta, Países Baixos, Eslováquia e Croácia. Os termos afins "setor sem fins lucrativos", "setor do voluntariado" e "setor das organizações não governamentais" têm um nível de reconhecimento relativamente maior.

No que se relaciona aos conceitos emergentes afins, os mais conhecidos nos países da UE são os de "sem fins lucrativos", "terceiro setor", "sociedade civil e setor do voluntariado", "responsabilidade social das empresas", "empresas sociais" e "inovação social".

6.8 A NECESSIDADE DE ESTATÍSTICAS SOBRE A ECONOMIA SOCIAL

"Ao longo das duas últimas décadas, tanto as instituições acadêmicas como os institutos nacionais de estatística e os governos têm envidados esforços neste domínio".

Em 2006, o Ciriec elaborou uma metodologia, a pedido da Comissão Europeia, o manual para a elaboração das contas satélites da evolução recente da economia social na União Europeia de 21 empresas da economia social, em paralelo com o Manual das Nações Unidas, para as contas satélites das instituições sem fins lucrativos. Foram ainda desenvolvidos outros métodos de elaboração de estatísticas.

Alguns países esforçaram-se muito, nos últimos anos, para fornecer dados fiáveis sobre vários grupos da economia social. Os institutos de estatística de França e o Ministério do Trabalho de Espanha fornecem séries cronológicas sobre o emprego em cooperativas e a economia social. A Itália, a Bulgária, o Luxemburgo, a República Checa e a Hungria melhoraram grandemente as estatísticas publicadas pelos seus institutos nacionais de estatística, utilizando, em alguns casos, a metodologia das contas satélites para as organizações sem fins lucrativos. Portugal, Polónia e Roménia merecem uma referência especial. Esses três países da União Europeia têm vindo a elaborar recentemente estatísticas regulares e sistemáticas para o conjunto da economia social.

Em Portugal, esse esforço decorre da Lei da Economia Social (2013) e na Polónia é consequência de um acordo com o Fundo Social Europeu (FSE). "No entanto, ainda há muito a fazer para sistematizar as estatísticas relativas aos diversos grupos da economia social nos próximos anos".

6.9 FINALIDADE E DESAFIOS DO ESTUDO

A finalidade do estudo é fornecer uma síntese dos principais dados quantitativos da economia social na União Europeia, por país e a nível global, diferenciando três grupos de organizações: cooperativas e tipos de organizações semelhantes aceites, sociedades mútuas e tipos de organizações semelhantes e, por último, associações, fundações e outros tipos de instituições sem fins lucrativos.

6.10 SÍNTESE DOS RESULTADOS DO ESTUDO

Os dados seguintes ressaltam a grande importância da economia social europeia em termos humanos e econômicos, bem como o fato de ser uma realidade que a sociedade e os decisores políticos devem levar em consideração.

Tem-se os seguintes dados sobre a economia social europeia certifica:

- mais de 13,6 milhões de empregos remunerados na Europa;
- equivalente cerca de 6,3% da população ativa da UE-28;
- emprego de 19,1 milhões de trabalhadores, remunerados e não remunerados;
- mais de 82,8 milhões de voluntários, que equivale a 5,5 milhões de trabalhadores a tempo inteiro;
- mais de 232 milhões de membros de cooperativas, sociedades mútuas e entidades semelhantes;
- mais de 2,8 milhões de entidades e empresas.

> O panorama varia, consoante os estados-membros. Enquanto o emprego na economia social representa entre 9% e 10% da população ativa em países como Bélgica, Itália, Luxemburgo, França e Países Baixos, nos novos estados-membros da UE, como Eslovénia, Roménia, Malta, Lituânia, Croácia, Chipre e Eslováquia, a economia social continua a ser um pequeno setor emergente, que emprega menos de 2% da população ativa. Outra conclusão diz respeito à evolução da mão de obra empregada na economia social durante a crise económica:
>
> Essa mão de obra mostrou resiliência face à crise económica, visto só ter diminuído de 6,5% para 6,3% da mão de obra remunerada europeia e de 14,1 milhões para 13,6 milhões de postos de trabalho, facto que pode ser em parte explicado pela qualidade dos dados estatísticos disponíveis.
>
> A redução da mão de obra remunerada é maior nas cooperativas e formas de organização semelhantes do que nas associações, fundações e outras formas semelhantes.
>
> Em relação ao emprego, dado não estarem disponíveis outros parâmetros de avaliação do impacto económico, como a contribuição para o PIB, as associações, fundações e outras formas de organização semelhantes continuam a ser a principal «família» da economia social, abrangendo a maioria das entidades / empresas sociais, cerca de 66% do emprego neste setor social. Luca Jahier, Alain Coheur, Krzysztof Balon.

Descrevemos anteriormente esses dados de extrema importância tanto dos EUA quanto da Europa somente para que possamos ter a real noção desse setor social tão abrangente no mundo e não apenas no Brasil. Tanto isso é verdadeiro que são muitas as pesquisas e interesse dos estudiosos nesse campo de estudo, uma vez que em cada país ou estado ele demonstra ter suas características próprias, porém nos evidencia um rico aprendizado por meio da circulação do seu conhecimento.

Realmente, o Terceiro Setor é uma riqueza constante de exercício de ensinar a gestão de uma organização que tem sua missão voltada para o atendimento social, ambiental, educacional e outros, com uma despesa fixa e uma receita variável que depende do seu grau de envolvimento na busca de captar recursos para cobrir mensalmente suas necessidades e obrigações financeiras. Esse é um dos temas a ser estudado e o outro é promover discussões e debates nas esferas públicas e privadas, assim como nas universidades, para que promovam seu entendimento nos aprendizados que reproduzem a seriedade e comprometimento do Terceiro Setor dentro de suas potencialidades de mudanças sociais concretas.

São pressupostos que o gestor do futuro precisa considerar como protagonista real de mudanças a médio e longo prazo, entendendo que, mesmo que o governo queira, ele jamais vai conseguir promover políticas públicas sérias a toda a sociedade, mesmo porque perdeu, e muito, sua credibilidade junto à coletividade e o que o Terceiro Setor faz e muito bem. Como diz Albuquerque (2006, p. 21),

> O debate acadêmico e conceitual do Terceiro Setor é extremamente recente, principalmente em países em desenvolvimento, mas, já atingiu as universidades com alto nível de reflexivo. Estudiosos da questão já vislumbram um novo campo de atuação.

Contudo, o Terceiro Setor ainda tem um grande desafio, que é ajustar essa conta social, sendo improvável dar certo se não houver compreensão de sua importância na sociedade, no governo e nas empresas privadas, pois, queira ou não, ele está acima do governo na linha de frente das atividades comunitárias, ele tem o predomínio dessa ação sobre a atuação estatal, perfazendo com eficiência e eficácia dentro de suas possibilidades a sua hegemonia sobre o interesse social. Sendo justamente em um espaço que deveria ser de responsabilidade e obrigação do Estado, surge esse setor social como um grande articulador, que busca parcerias entre setores, provoca e mobiliza a sociedade na busca de seus direitos por uma qualidade de vida. Assim, o Terceiro Setor surge no Brasil e no mundo desenvolvendo políticas públicas solidárias nas mais diversas áreas e atuando inclusive nas catástrofes naturais que ora aparecem sem o governo estar preparado para atender de imediato às necessidades do cidadão. Ele leva sempre a sociedade a mobilizar-se como voluntários em esforços coletivos para resolverem situações adversas, mas que comovem a todos, inclusive neste período da pandemia da covid-19, assim como com os inúmeros desabrigados que se encontram no país sem auxílio de vida.

Todos esses benefícios sociais trazidos pelo Terceiro Setor, que envolvem desde a proteção e garantia dos direitos sociais a todos os grupos, são fundamentais para o desenvolvimento de qualquer sociedade. Os benefícios sociais provocados por ações do Terceiro Setor implicam de maneira assertiva na vida de muitos cidadãos, contribuindo preponderantemente para a construção do capital social. Como pondera Melo Neto e Froes (1999, p. 8):

> Os principais elementos definidores do conceito e das características do terceiro setor, que tem seu foco em bem-estar público buscando um interesse comum. Suas questões centrais são a pobreza, exclusão e desigualdade social. Seu nível de atuação é o comunitário e de bases, nas quais suas ações praticadas são de caráter público e privado, associativas e voluntaristas e as entidades que participam são empresas privadas, Estado, Ongs e sociedade civil.

Mesmo diante de tudo isso descrito, o Terceiro Setor ainda enfrenta um opositor, que é como ele se coloca, é o Estado, que, por sua vez, adota um posicionamento mais distante no processo de desenvolvimento participativo com o Terceiro Setor, havendo um mal entendimento por parte de diversas autoridades públicas generalizando as instituições mal intencionadas que são criadas para usurpar dinheiro público com as instituições sérias e comprometidas. Segundo eles, é a mesma coisa do joio e do trigo, sem procurar separá-los, como faria o bom cristão, assim, eles passam a sujar a imagem desse setor. Como sabemos, existem organizações criadas exclusivamente para benefício próprio e para o desvio de recursos públicos, como foram os casos que ocorreram com os Ministérios do Trabalho, do Turismo e do Esporte. Segundo artigo da revista *Veja* (edição n.º 2.242, ano 44, n.º 45, de 9 de novembro de 2011), relata que a Procuradoria da República ajuizou uma ação civil pública pedindo a devolução de R$ 14.000.000,00 (catorze milhões) de apenas uma das ONGs envolvidas nesse horrendo desvio do dinheiro público. O pior dessa questão é que acabam por lesar a reputação de todas as organizações sem fins econômicos que lutam honestamente para desenvolverem um trabalho sério e comprometido com a sociedade que precisa.

Esses tipos de ações fraudulentas e desonestas realizadas por pessoas que na realidade deveriam estar comprometidas com o desenvolvimento sustentável do país acabam justamente fazendo o inverso, pois causam grandes prejuízos morais que abalam a credibilidade das ONGs sérias. Segundo a mesma revista citada anteriormente, já somam um total de mais de 820.400 organizações do terceiro setor e, conforme um levantamento feito pela ONG Contas Abertas, mais de 98% dessas entidades não recebem absolutamente nada de recursos diretos do governo federal, uma vez que algumas já são beneficiadas por meio de isenção fiscal. O mais interessante e que não devemos esquecer é o quanto essas ONG sérias contribuem exemplarmente para o crescimento do país. Para termos ideia, elas empregam cerca de três milhões de pessoas nas mais diversas áreas e, muitas vezes, estas apresentam projetos que visam seu desenvolvimento e crescimento para esses mesmos ministérios e não conseguem aprovação deles por não compactuar com essas formas de corrupção que infelizmente estão generalizadas neste país.

Devemos ter a percepção de que, assim como existem empresas privadas e públicas corretas, existem também as incorretas, assim como tem parlamentares corretos também tem os incorretos. Logo, existem as entidades sociais corretas e não corretas, ou seja, existem pessoas e organizações que são capazes e as que são capazes de tudo para conseguir seus objetivos. Existem com todo esse imbróglio, perduram muitas organizações que, mesmo no meio de todo esse lamaçal corruptível, demonstram a seriedade de seus trabalhos e conseguem ganhar mais força para atuarem nos mais diversos segmentos na sociedade com resultados positivos e com poucos recursos que, na maioria das vezes, vêm das pessoas físicas e jurídicas. Entre estas, podemos citar: as Santas Casas de Misericórdia, Associações de Pais e Amigos dos Excepcionais (Apaes), Pestalozzi, Instituição Pia Nossa Senhora das Graças, Médicos Sem Fronteiras, Doutor da Alegria, Hospitais de Câncer, AVAL e muitas outras.

Segundo Hudson (1999),

> Nas últimas décadas, este setor se mostrou muito influente, pois ajudou no desenvolvimento de mudanças e inovações sociais como, por exemplo, serviço hospitalar, pesquisa científica, ajuda internacional, fundos de beneficência para

empregados na indústria, serviços e bem estar social, e mais recentemente atividades voltadas para a proteção do meio ambiente e campanhas pelo direito da mulher. Todas essas atividades surgiram de organizações não governamentais.

Com tudo isso, o terceiro setor vai ampliando sua área de atuação, na medida em que o Estado, diante da burocracia e falta de seriedade, vai se afastando de determinadas responsabilidades suas que, de alguma forma, são transferidas à sociedade. Logo, surgem novos serviços, os quais a comunidade cria para suprir suas necessidades atuais, seja uma creche, casa da sopa ou um lugar para fazerem trabalhos manuais, usando para isso a sensibilidade, criatividade e a proximidade na satisfação dos desejos da sociedade, realizando um processo de reestruturação do capital. Isso tudo vem fomentando o crescimento do Terceiro Setor, na medida em que a sociedade deseja que suas necessidades sejam supridas de forma mais igualitária.

Segundo Fernandes (1996, p. 27),

> Este setor é composto de organizações sem fins lucrativos, criadas e mantidas pela ênfase na participação voluntária, num âmbito não governamental, dando continuidade a práticas tradicionais de caridade, da filantropia e do mecenato e expandindo o seu sentido para outros domínios, graças, sobretudo, à incorporação do conceito de cidadania e de suas múltiplas manifestações na sociedade civil.

Portanto, o Terceiro Setor passou a ser um promotor de políticas públicas, mas, de maneira nenhuma, querendo tomar o lugar das responsabilidades do estado ou tornar-se seu concorrente. Pelo contrário, seu desejo é fazer parte dessa ação conjuntamente com o estado, para que em parcerias pudessem oferecer a todos os cidadãos um serviço de qualidade, uma vez que essas organizações do Terceiro Setor são um reflexo de movimentos sociais em prol de um objetivo comum da sociedade. O crescimento da economia mundial e a crescente descentralização do poder do Estado abrem novas perspectivas para o Terceiro Setor, fazendo com que seu crescimento esteja apoiado, ainda que indiretamente, pelo Estado, mas também pela iniciativa privada. Tudo isso fornece bases sólidas para novas instituições que venham a se inserir nesse ramo da economia.

Nos últimos 20 anos, o Terceiro Setor teve um grande crescimento, configurando-se num tema bastante atual e debatido principalmente no meio acadêmico, buscando cada vez mais a qualidade social para os serviços prestados à sociedade, englobando o contexto político, social, econômico e ambiental, enfatizando suas ações em uma gama de diversidade e segmentos na área da saúde, educação, cultura, assistência social, esporte, meio ambiente etc. e que caminham conjuntamente com a incerteza, complexidade e mudanças do mundo globalizado, tanto no que tange ao desenvolvimento científico e quanto tecnológico. Algumas de suas principais características são de serem instituições sem finalidades econômicas (o lucro); não serem estatais e nem de mercado, embora mantenham vínculo tanto com o governo quanto com o mercado, são constituídas para desenvolverem trabalho de interesse público apesar de sua grande maioria ser privadas; trabalham com pessoas que estão fora do mercado de trabalho e uma de suas maiores características é o desenvolvimento do trabalho voluntário. Segundo Camargo (2001, p. 115-116),

> Um forte motivo para tornar-se um voluntário é a necessidade interior de fazer o bem, ter uma íntima satisfação pelo prazer de servir, estar bem consigo mesmo beneficiando o outro, dando de si, sem esperar nada em troca. Engajando-se em atividades voluntárias não apenas para exercitar a caridade, mas, para pôr em prática sua cidadania na defesa dos direitos alheios e dos seus próprios.
>
> Esse trabalho pode melhorar a autoimagem, promover um sentimento de realização e competência e agir como um antídoto para o estresse e a depressão, pois, segundo estudos mostram que os voluntários tendem a ser mais saudáveis e felizes, vivendo mais que aqueles que não o são.

Esses tipos de organizações sem fins econômicos existem no mundo inteiro, justamente com a intenção de reverter alguns indicadores sociais, sua grande maioria prospera em economias industrializadas, outras nem sempre conseguem ter capacidade de sobrevivência, mas essa conjuntura faz parte da contingência do desenvolvimento social existente em ambientes democráticos livres, pois acredita-se que elas têm como desejo principal a visão de um mundo melhor e mais justo. Para a Amcham (American Chamber of Commerce) que atua com um papel fundamental, sendo uma das principais instituições voltadas para a promoção do comércio e investimento entre o Brasil e os Estados Unidos, "A ideia do Terceiro Setor aplica-se mais para delimitar um tipo de atuação diferenciada das instâncias de governo e mercado, mas que, embora com a mesma característica legal, é composto por um conjunto e instituições bastante diferentes quanto à filosofia de atuação, dimensões, temática e formas de intervenção. O Terceiro Setor é muito influente, pois grande parte das mudanças e inovações sociais importantes foi obtida com a criação de organizações do terceiro setor".

Ou seja, essas organizações, como percebemos, são compostas por grande diversidade e pluralidade de ações que vão se constituindo conforme as necessidades da própria sociedade, que, com suas criatividades, impulsionam o crescimento e o desenvolvimento social. O Terceiro Setor, para conseguir ultrapassar alguns dos seus desafios, tem que buscar os mais diversos tipos de parcerias, seja com o poder público ou privado, são o que chamamos de parcerias intersetoriais. Essa é uma forma de gestão participativa que muito está trazendo benefícios à sociedade como um todo, é mais uma configuração de ação social integrada às ações do setor público e privado, para o desenvolvimento de políticas sociais.

A grande maioria das iniciativas do Terceiro Setor é apresentada sob a forma de projetos destinados aos mais variados segmentos, como apoio às crianças e famílias em vulnerabilidade social, doentes de câncer, idosos, capacitação, esporte, cultura, lazer, educação e tantos outros. Seu principal objetivo é o setor social humanitário e não financeiro, diferenciando-se dos setores públicos e privados. Por diversas vezes, ouvimos ou presenciamos pessoas que trabalham exclusivamente nos setores privados ou público conjecturando que suas experiências adquiridas nos determinados setores podem e devem ser aplicadas às organizações do Terceiro Setor para tornarem-se mais eficientes, inclusive dizendo: "não entendo como essa instituição de caridade não consegue ser mais profissional".

Parece muito simples, no entanto, muitas dessas pessoas não entendem que as atividades, objetivos e estratégias são bem diferentes, uma vez que, em sua maioria, essas instituições sociais têm receita variável e despesas fixas, imbuídas de receitas bem limitadas, o que nem sempre conseguem manter-se sustentável, mas que apresentam valores como confiabilidade e credibilidade para que possam conquistar parceiros para o desenvolvimento de seus projetos e o atendimento de seu público-alvo. O que não acontece com os funcionários das organizações da área pública e privada que não se preocupam com a receita ou despesas de suas organizações, sendo esse um grau de importância e envolvimento dos atores sociais dessas organizações do Terceiro Setor para garantirem sua continuidade.

Uma pesquisa realizada pela Kanitz & Associados, Instituto de Educação para a Sustentabilidade, revelou alguns números das 400 maiores entidades do Brasil no ano de 2000: o dispêndio social das 400 maiores entidades foi de R$ 1.971.000,00. Ao todo, elas possuem 86.894 funcionários e 400.933 voluntários. E mais ainda: o Terceiro Setor possui 12 milhões de pessoas, entre gestores, voluntários, doadores e beneficiados de entidades beneficentes, além dos 45 milhões de jovens que veem como sua missão ajudar o Terceiro Setor. Os dados descritos evidenciam o quanto essas organizações vêm amadurecendo e profissionalizando-se no Brasil, mostrando sua consolidação em consonância às suas atividades e ações dentro deste cenário atual, o qual insere a participação mais efetiva de todos os envolvidos que procuram agregar sempre novas formas de contribuir efetivamente aos mais diversos segmentos da sociedade, incluindo, fundamentalmente, maior participação e comprometimento de voluntários e/ou parceiros.

Para Saraiva (2006, p. 29),

> [...] com a busca por melhores resultados na promoção do bem comum, o Terceiro Setor vem ganhando cada vez mais participação na sociedade, atuando em área antes de atuação pública com maior agilidade e buscando estabelecer pontos entre o setor privado e o setor público".

De acordo com Drucker (1997, p. 159), as organizações do Terceiro Setor não fornecem apenas bens ou serviços, mas a valorização do ser humano, constituindo aquilo que o autor chama de uma segunda contracultura:

> [...] a das instituições não-lucrativas e não-governamentais do 'terceiro setor', pois seus voluntários não-remunerados constituem uma força de trabalho que possuem um espírito distinto, valores distintos e prestam uma contribuição distinta à sociedade (Drucker, 1997, p. 159).

Toda essa evolução do Terceiro Setor foi pelo motivo dos diversos estágios por ele ultrapassados e desenvolvidos ao longo dos anos. Isso se raciocinarmos desde o surgimento das Santas Casas de Misericórdia no Brasil, com seu perfil excepcionalmente caritativo para um setor inovador, estratégico, mobilizador, consciente do papel social, promotor de políticas públicas, utilizando a sensibilidade, criatividade e a proximidade na satisfação dos desejos da sociedade, como bem diz Drucker, "procurar formas de transformar vidas para melhor". Segundo uma pesquisa realizada pela Brasil Giving Report, em 2020, sobre a cultura de doação no país e o índice de confiança em ONGs, no Brasil, foi constatado estarem em alta devido à compreensão positiva do brasileiro em referência aos trabalhos desenvolvidos pelas organizações não governamentais, o qual aumentou 7%, entre 2018 e 2019. Esses dados foram coletados em agosto de 2019, ainda no panorama da pré-pandemia.

Ainda segundo a pesquisa, 79% dos entrevistados afirmaram que o trabalho das organizações do Terceiro Setor inseridas em suas comunidades gera um impulso positivo. Em 2018, o percentual ficou em 72%. Porém, não basta ter apenas boa vontade e uma boa causa, ela precisa de recursos financeiros, humanos, tecnológicos e outros para se manter.

CAPÍTULO VII

LEGISLAÇÃO

7.1 LEGISLAÇÃO DO TERCEIRO SETOR

Atentando-nos aos fatos, percebemos que, para chegarmos a essa legislação atual do Terceiro Setor, temos que entender o seu percurso, pois, quando nos referimos a primeira ONGs existente no Brasil ou, melhor, a primeira instituição voltada para o sentimento da fraternidade e da solidariedade, enxergamos em definitivo a Santa Casa de Misericórdia. E por que misericórdia? A expressão "misericórdia" vem do latim *"misere"* e *"cordis"* que significa em sentido estrito "doar seu coração a outrem". Em sentido *lato*, quer dizer "doar a quem necessita". É justamente essa história de amor e irmandade que contém nas entranhas do Terceiro Setor.

A Irmandade da Santa Casa de Misericórdia surgiu ainda no período colonial, estabelecendo-se em Olinda, na Capitania de Pernambuco, em 1539. Criando dessa maneira primeira instituição hospitalar no Brasil, com objetivo de atender aos pobres doentes, abandonados e na hora de sua morte, ou seja, os desabrigados, enfermos, abandonados e marginalizados (crianças e velhos), que foram excluídos do convívio social, entre eles, os criminosos doentes e os doentes mentais. Segundo a pesquisadora Yara Khoury, autora do livro *Guia dos arquivos das Santas Casas de Misericórdia do Brasil*, durante a invasão holandesa, em 1630, ela foi saqueada e incendiada.

Durante esse mesmo período colonial, foram fundadas outras Santas Casas de Misericórdia, com os mesmos objetivos: em Santos (1543), interior de São Paulo, Salvador (1549), Rio de Janeiro (1582), Vitória (1551), São Paulo (1599), João Pessoa (1602), Belém (1619), São Luís (1657) e Campos (1792). Todas regulamentadas por meio da Constituição Imperial, de 25 de março de 1824, e todas apoiadas pela Igreja Católica, constando, assim, a primeira Instituição do Terceiro setor ou ONG, mesmo ainda não sendo reconhecida como tal. Elas se tornaram uma mola propulsora para a criação dos cursos de Medicina e Enfermagem, como é o caso das que foram fundadas em São Paulo, Rio de Janeiro, Vitória e Porto Alegre.

Elas iniciaram suas funções pautadas em dois períodos: o primeiro período abrangeu os meados do século XVIII até 1837, com sua natureza caritativa, e o segundo, entre 1838 a 1940, com seu caráter de natureza filantrópica.

E qual é a diferença entre a caridade e filantropia? Caridade é encontrada na ação pelo qual se beneficia o outro ou os mais necessitados, está mais ligada a obras assistenciais que buscam a melhoria das pessoas, mesmo de maneira paliativa, como doações de refeições, roupas, abrigo, remédios e cuidados. Já a filantropia significa "profundo amor à humanidade", estando mais relacionada à generosidade com o outro no enfrentamento dos problemas sociais e ambientais, com ações mais contínuas que possam provocar mudanças na vida delas, como projetos sociais e ambientais, capacitação, geração de emprego e outros.

Toda essa descrição é para sabermos que o Terceiro Setor não é assim tão novo e que buscou sempre estar regulamentado em suas ações, pois percebemos que a primeira instituição já veio regulamentada por meio da Constituição Imperial, de 25 de março de 1824, e, posteriormente, depois de mais um século e meio, melhor dizendo, 164 anos, com a Constituição Federal, de 1988, é que veio inserido o princípio da solidariedade no seu artigo 3º, "construir uma sociedade livre, justa e solidária" (Brasil, 1988, s/p, http://www.planalto.gov.br/civil), que vem estabelecer os vínculos entre o Estado e o Terceiro Setor, envolvendo a atuação voluntária da sociedade civil, fortalecendo, assim, o princípio da subsidiariedade. Para Casabona (2007), "a solidariedade deixa de ser um pensamento ético e passa a apresentar a qualidade de norma constitucional ou, melhor, princípio fundamental do direito pátrio".

É indiscutível que o mencionado artigo expresse de maneira concisa o direcionamento para toda nação, no sentido de nortear as ações para a construção de uma sociedade justa, livre e solidária. Isso em consonância com Afonso da Silva que diz (1998, p. 109-110) que

> É a primeira vez que uma Constituição assinala, especificamente, objetivos do Estado brasileiro, não todos, que seria desproposidado, mas os fundamentais, e, entre eles, uns que valem como base das prestações positivas que venham a concretizar a democracia econômica, social e cultural, a fim de efetivar na prática a dignidade da pessoa humana.

Sendo justamente contido esse princípio da solidariedade na Constituição conhecida como Constituição cidadã, pois a solidariedade só existe quando o homem toma consciência da interdependência que há entre ele e seus semelhantes, são atitudes recíprocas que devemos ter uns com os outros, tendo como princípio o respeito, a verdade e a amabilidade.

Depois das Santas Casas de Misericórdia, vieram outras tantas entidades similares, como beneficências portuguesas, hospitais filantrópicos das comunidades judaica, japonesa, sírio-libanesa ou mesmo ligadas a movimentos da igreja Católica.

Desde esse tempo, foram surgindo outras entidades e com elas novas leis que viessem a adequá-las ao formato constitucional, tornando-se, assim, uma colcha de retalhos, como veremos a seguir, pelas diversas investidas, no sentido de criar uma regulamentação do Terceiro Setor clara e fundamentada nos princípios de Cress e Szazi (*apud* Montaño, 2002, p. 201-204), que demonstra uma evolução legislativa significativa:

- **A Lei nº 91, de agosto de 1935,** que reconhece como utilidade pública as sociedades civis, associações e fundações, constituídas no país, com o fim exclusivo de servir desinteressadamente à coletividade.

- **Decreto n.º 50.517**, de maio de 1961, regulamenta a lei citada anteriormente que dispõe sobre a declaração de utilidade pública.

- **Lei n.º 5.764/1971** define a Política Nacional de Cooperativismo, institui o regime jurídico das sociedades cooperativas e dá outras providências.

- **Decreto-Lei n.º 1.572/1977** revoga a Lei n.º 3.577, de 4 de julho de 1959, e dá outras providências.

- **Lei n.º 8.080**, de 19 de setembro de 1990, denominada Lei Orgânica da Saúde (LOS), dispõe sobre a constituição do Sistema Único de Saúde, de responsabilidade do poder público.

- **Lei n.º 8.212**, de 24 de julho de 1991, denominada Lei Orgânica da Seguridade Social, reafirma os princípios estabelecidos na Constituição e estabelece o Orçamento da Seguridade Social, a partir fundamentalmente das receitas de União e de contribuições sociais e outras fontes.

- **Decreto n.º 356**, de dezembro de 1991, modifica o financiamento da Seguridade Social, estabelecendo que, agora, a União só será responsável pela cobertura de eventuais insuficiências financeiras da Seguridade Social.

- **Lei n.º 8.742**, de 7 de dezembro de 1993, revista na Lei n.º 9.720, de 30 de novembro de 1998, denominada Lei Orgânica da Assistência Social (Loas), confirma o preceito constitucional de que a assistência social é conferida a quem dela precisar, independentemente da contribuição à Seguridade Social, por meio do primeiro artigo:

  > A assistência social, direito do cidadão e dever do Estado, é Política de Seguridade Social não contributiva, que provê os mínimos sociais, realizada através de um conjunto integrado de ações de iniciativa pública e da sociedade, para garantir o atendimento às necessidades básicas.

- **Decreto n.º 2.536**, de 6 de abril de 1998, dispõe sobre concessão do certificado de entidade com fins filantrópicos.

- **Lei n.º 9.732**, de 11 de dezembro de 1998, altera os dispositivos anteriores para isenção de contribuição à seguridade social dirigidos a entidades filantrópicas.

- **Lei n.º 9.637**, de 15 de maio de 1998, dispõe sobre a qualificação de entidades como organizações sociais, a criação do Programa Nacional de Publicização, a extinção dos órgãos e entidades que menciona e a absorção de suas atividades por organizações sociais e dá outras providências.

- **Lei n.º 9.608**, de 18 de fevereiro de 1998, dispõe sobre o serviço voluntário e dá outras providências.

- **Lei n.º 9.790**, de março de 1999, qualifica pessoas jurídicas de direito privado, sem fins lucrativos, como Organização da Sociedade Civil de Interesse Público (Oscip), e institui e disciplina o termo de parceria. O artigo 9º da lei institui o termo de parceria a ser firmado entre o Poder e as Oscip, destinado ao vínculo de cooperação entre as partes.

- **Decreto n.º 3.100**, de 30 de junho de 1999, e **Portaria MJ n.º 361**, de 27 de julho de 1999, que regulamenta a Lei n.º 9.790, de 23 de março de 1999.

- **Decreto n.º 3.504**, de 13 de junho de 2000, altera o Decreto n.º 2.536. É importante observar que, para fins legais, as organizações do Terceiro Setor são genericamente denominadas de entidades sem fins lucrativos. Essa denominação comporta duas distinções jurídicas: as associações e as fundações.

- **Decreto n.º 3.415**, de 19 de abril de 2000, delega competência ao Ministro de Estado da Justiça para a declaração de utilidade pública de sociedades civis, associações e fundações, prevista na Lei n.º 91, de 28 de agosto de 1935.

- **Decreto n.º 6.170**, de 25 de julho de 2007, dispõe sobre as normas relativas às transferências de recursos da União mediante convênios e contratos de repasse e dá outras providências.

- **Decreto n.º 7.592**, de 28 de outubro de 2011, determina a avaliação da regularidade da execução dos convênios, contratos de repasse e termos de parceria celebrados com entidades privadas sem fins lucrativos até a publicação do Decreto n.º 7.568, de 16 de setembro de 2011, e dá outras providências.

- **Lei n.º 13.019**, de 31 de julho de 2014, estabelece o regime jurídico das parcerias voluntárias, envolvendo ou não transferências de recursos financeiros, entre a administração pública e as organizações da sociedade civil, em regime de mútua cooperação, para a consecução de finalidades de interesse público; define diretrizes para a política de fomento e de colaboração com organizações da sociedade civil; institui o termo de colaboração e o termo de fomento; altera as Leis n.º 8.429, de 2 de junho de 1992, e 9.790, de 23 de março de 1999.

- **Lei n.º 13.019/2014** busca defender o princípio da transparência, que determina em seus Art. 10, "A administração pública deverá manter, em seu sítio oficial na internet, a relação das parcerias celebradas e dos respectivos planos de trabalho, até cento e oitenta dias após o respectivo encerramento", e 11 "A organização da sociedade civil deverá divulgar na internet e em locais visíveis de suas sedes sociais e dos estabelecimentos em que exerça suas ações todas as parcerias celebradas com a administração pública".

- **Decreto n.º 11.661/2023**, a última atualização que temos na legislação do Terceiro Setor, foi em 24 de agosto de 2023 que entrou em vigor o Decreto n.º 11.661. Ele altera as disposições do Decreto n.º 8.726/2016 que regulamenta a Lei n.º 13.019/2014, mais conhecida como Marco Regulatório das Organizações da Sociedade Civil (OSCs), que tange a respeito das parcerias reputadas entre a administração pública federal e as OSCs, das quais já falamos anteriormente.

Houve algumas alterações que iremos citar.

Anteriormente, todo processo de transferências em dinheiro era realizado pelo Siconv. A partir do Decreto n.º 11.661/2023, passara a ser de responsabilidade da plataforma Transferegov.br. Ela também se responsabilizará pela divulgação da realização das parcerias, que antes eram facultadas pelos órgãos ou entidades públicas federais, está disposto no Art. 4º, §2º, do Decreto n.º 11.661/2023. Outra mudança ocorrida foi em relação ao manual de orientação para os processos de parceria. Antes, era incumbência da Secretaria de Governo da Presidência da República, agora passa a ser dos ministros de estado da Secretaria-geral da Presidência da República, do Ministério da Gestão e da Inovação em Serviços Públicos e do advogado-geral da União.

Agora, o Ministério de Estado da Gestão e Inovação em Serviços Públicos passou a coordenar todas as ações de comunicação e capacitação concernentes à plataforma, que era de competência do Ministério do Planejamento, Orçamento e Gestão.

Conjuntamente, ministros de Estado da Gestão e da Inovação em Serviços Públicos, Planejamento e Orçamento e Secretaria de Relações Institucionais da Presidência da República passarão a averiguar os procedimentos e prazos de impedimentos técnicos, que antes eram de competência do Ministro de Estado do Planejamento, Orçamento e Gestão. O Conselho Nacional de Fomento e Colaboração (Confoco) passa a fazer parte da Secretaria-Geral da Presidência da República, antes pertencia ao Ministério do Planejamento, Orçamento e Gestão. Ainda, todo o apoio administrativo, assim como os meios necessários à execução dos trabalhos do Confoco passam a ser discutidos em reuniões trimestrais convocadas pelo presidente do próprio conselho ou a requerimento de um terço de seus membros.

Sabe aquele ditado que diz: "se você pode burocratizar, por que desburocratizar"? "Se pode complicar, por que facilitar?".

Quais são as novas competências do Conselho Nacional de Fomento e Colaboração (Confoco)? Ele passa a promover e realizar estudos e análises sobre as parcerias das OSCs com a administração pública federal, seja diretamente ou por intermediação; tem também a responsabilidade de articular-se aos conselhos de direitos e de políticas públicas federais, estaduais, distritais e municipais e intercambiar normas, ferramentas ou ações relacionadas à sua competência; mobilizar e incentivar as OSCs a participar do Mapa das Organizações da Sociedade Civil.

E quanto à composição do Conselho do Confoco? São várias as entidades e órgãos que farão parte da sua composição, sendo um representante de cada um, como Secretaria-Geral da Presidência da República; Advocacia-Geral da União; Secretaria de Relações Institucionais da Presidência da República; Controladoria-Geral da União; Instituto de Pesquisa Econômica Aplicada (Ipea); e mais 20 representantes de OSCs, movimentos sociais e redes, como Ministérios da Ciência, Tecnologia e Inovação; Desenvolvimento Agrário e Agricultura Familiar; Desenvolvimento e Assistência Social, Família e Combate à Fome; Direitos Humanos e da Cidadania; Cultura; Educação; Esporte; Gestão e da Inovação em Serviços Públicos; Justiça e Segurança Pública; Meio Ambiente e Mudança do Clima; Igualdade Racial; Mulheres; Saúde, Povos Indígenas e Trabalho e Emprego (consta no art. 84-A, inc. I, alíneas 'a' a 't', e inc. II, do Decreto n.º 11.661/2023).

O critério é que cada representante das entidades e órgãos será indicado por suas respectivas instituições. Quanto aos representantes das OSCs, movimentos sociais e redes, serão recomendados após uma seleção de escolha, apropriadamente publicada em ato do Ministro de Estado da Secretaria-Geral da Presidência da República, de acordo com o Art. 84-A, Inc. II, §§ 3º e 4º, do Decreto n.º 11.661/2023.

Essas são as alterações relevantes que constam nesse novo decreto para a normatização do Terceiro Setor. Com todas essas leis e decretos que citamos, fazem-nos pensar que a legislação que regulamenta as organizações da sociedade civil, tendo como ponto de partida a Lei de 1935, é que nos faz cogitar essa analogia, como uma colcha de retalhos, que vai emendando vários interesses de várias pessoas em diversos momentos. Se realmente fosse criada uma lei pensada no que é o Terceiro Setor, em sua importância, no quanto pode realizar em parceria com o poder público, no quanto ele é estratégico e no quanto ele é relevante por estar muito mais próximo das comunidades onde está inserido e, logicamente, atende com mais respaldo suas necessidades, o que o poder público não tem visão e capacidade para fazer o mesmo e nem da mesma forma, simplesmente, porque não convive com o que é imperativo a ele.

Se formos analisar essa última lei, a Lei n.º 13.019/2014, ela vem regulamentando os tipos de instrumentos de relação com o poder público, nos âmbitos federal, estadual e municipal. Na lei anterior, cada esfera governamental detinha em sua legislação as regras adequadas às parcerias público-privadas e com essa lei passou a definir a extinção da configuração que existia dos convênios entre o poder público e as entidades da sociedade civil, essencialmente os estados e municípios precisarão convencionar-se a essa nova legislação. O que podemos perceber com mais essa mudança ocorrida é que os convênios foram substituídos por novos instrumentos de cooperação entre o poder público e os do Terceiro Setor, que são eles:

O **termo de fomento** é o instrumento pelo qual são formalizadas as parcerias entre a administração pública com as organizações da sociedade civil para a consecução de finalidades de interesse público e recíproco, que envolvam a transferência de recursos financeiros, sendo seu foco as parcerias cujos objetos sejam inovadores e não estejam nitidamente determinados nos programas de governo ou, mesmo, que não tenham objetivos, metas, prazos e custos pré-determinados nas políticas públicas existentes.

O **termo de colaboração** é feito quando a proposta de parceria seja procedente do poder público e que a finalidade das organizações da sociedade civil sejam os serviços ou atividades que estejam em consonância com as políticas públicas já conhecidas, expostos nos programas de governo, nos quais ele possa ajustar seus interesses, metas e prazos, determinando valores a serem disponibilizados, assim como os resultados a serem alcançados. Ou seja, o poder público praticamente recomenda o plano de trabalho e seleciona as organizações que estarão colaborando e contribuindo nessa tarefa. Como já comentamos anteriormente, tanto os termos de colaboração e de fomento deverão ser antecedidos do chamamento público, que nada mais é do que o edital de convocação das organizações da sociedade civil que estejam interessadas em apresentar suas propostas de trabalho. Para tanto, as organizações deverão comprovar que têm no mínimo três anos de existência e conhecimento prévio na prática do objeto da parceria, bem como capacidade técnica e operacional para a sua execução.

Já o **acordo** de **cooperação** é o instrumento pelo qual são formalizadas as parcerias estabelecidas pelo município com as organizações da sociedade civil para a consecução de finalidades de interesse público e recíproco que não envolvam a transferência de recursos financeiros públicos, independentemente da iniciativa.

Se analisarmos as mudanças ocorridas desde a primeira Lei de 1935, perceberemos muitas que ocasionaram em um avanço imenso na criação de um regime jurídico único que envolve as parcerias entre o poder público e organizações da sociedade civil.

Mas creio que ainda não alcançamos os objetivos concretos imputados pelo Terceiro Setor, mesmo que a última Lei n.º 13.019/2014, aos olhos de muitos, está definitivamente adequada à diversidade que é apresentada pelas organizações da sociedade civil. Eu creio que ainda faltam muitos detalhes para chegarmos a esse propósito, pois percebemos que ainda existem muitos aspectos negativos a serem ultrapassados, como: a burocratização que deveria ser minimizada, o reconhecimento das certificações e qualificações que já existiam e que simplesmente perderam seus significados e, principalmente, a justaposição com a lei das OSCIPs, que até o momento não foi revogada e, possivelmente, poderá haver conflito entre elas.

Mesmo já contendo em nossa Constituição Federal, de 1988, no Art. 6º, que "São direitos sociais a educação, a saúde, a alimentação, o trabalho, a moradia, o lazer, a segurança, a previdência social, a proteção à maternidade e à infância, a assistência aos desamparados, na forma desta Constituição" (Redação dada pela Emenda Constitucional n.º 90, de 2015). Isso evidencia que todas essas obrigações elementares são do governo, ou seja, do Primeiro Setor. Surgem todas essas legislações que acabam por permitir ao Estado um novo papel, do qual cada vez mais desobriga-se como executor direto de bens e serviços à população para adotar e desempenhar um papel de gerador e intermediador do desenvolvimento social, assim chamado de moderna administração pública. Onde cabe essa execução estratégica? No Terceiro Setor, que, com todo seu desempenho, vem transformando a visão de atendimento às necessidades humanas e ambientais, assim como de gestão de resultados, privilegiando a transparência, compartilhando valores e comprometendo-se com os resultados de seu trabalho ao longo de sua trajetória.

Segundo Rosa (2009, p. 92-93),

> [...] o Terceiro Setor tem um caráter estratégico da maior importância no âmbito de qualquer sociedade que se preocupe com o desenvolvimento social e a consolidação de valores democráticos, pluralistas, comprometidos com a solidariedade humana e o sentido de comunidade. A atuação não deve ser orientada pelo assistencialismo simplesmente, mas para a construção de uma sociedade civil organizada, justa e solidária.

Existe também uma grande preocupação em saber sobre a parte da legislação trabalhista em relação ao Terceiro Setor. Então, devemos saber que a legislação trabalhista do terceiro setor é a mesma que regula o trabalho de qualquer organização comercial, ou seja, deve ser seguido o mesmo padrão. Porém, o Terceiro Setor tem modalidades diferentes de trabalho que uma outra organização comercial não tem. Os modelos de contratação que ele mais utiliza são:

- **Trabalho remunerado**: deverá seguir os princípios referidos na CLT, que protege o vínculo formado entre o trabalhador e a organização do terceiro setor;

- **Trabalho não remunerado ou trabalho voluntário**: previsto na Lei n.º 9.608, de 1998, que decreta o trabalho voluntário no Brasil, ponderando que nessa categoria não haja vínculo empregatício entre a organização do Terceiro Setor e o voluntário e nem recolhimento de contribuições previdenciárias ou afins, deve ser um trabalho gratuito, um comprometimento social;

- **Aprendiz**: consta na Constituição Federal e na CLT, permitindo a contratação de menores de idade (com idade entre 14 e 18 anos), desde que esses tenham contrato como menores aprendizes, estando sempre em consonância com a Lei n.º 10.097/2000;

- **Autônomo:** trabalho executado em sua maioria por pessoa física, a qual presta serviços sem vínculo empregatício e/ou subordinação hierárquica, por meio de pagamentos com recibo de pagamento autônomo (RPA), caso o prestador de serviço não tenha Nota Fiscal (NF).

Já como dizia Gilberto Freyre, "Sem um fim social o saber será a maior das futilidades".

CAPÍTULO VIII

VENTURE PHILANTHROPY

8.1 DO QUE SE TRATA *VENTURE PHILANTHROPY*

Não vamos nos aprofundar muito neste assunto. Apenas para termos ideia do que se trata *venture philanthropy*, este foi um termo que surgiu e começou a ganhar contornos nos Estados Unidos, na metade da década de 1990, motivado por uma nova geração de filantropos procedentes do mercado de *venture* capital (e *Private Equity*), os quais começaram a imaginar a maneira que eles poderiam alcançar maior impacto possível em uma organização ou uma causa social. Depois, no início dos anos 2000, conquistou espaço na Europa, iniciando pelo Reino Unido.

Percebemos ainda que esse tipo de negócio social está bem avançado nos Estados Unidos e na Europa, contudo, no Brasil, suas iniciativas ainda são muito recentes, inclusive essa forma de investimento em negócios sociais, como é o caso dos fundos de *venture philanthropy* e de *venture capital* (capital de risco) que investem com expectativas de retorno econômico vinculado ao social, sendo eles mensuráveis. Esclarecemos que esses fundos não são exclusivamente para fins filantrópicos, ou seja, com a finalidade de promover instituições sociais com recursos financeiros, seu perfil é estendido também a investidores fortemente interessados em retorno financeiro.

Como ainda é recente no Brasil, ainda não há em nosso contexto uma tradução para o português ou termo que possa traduzir realmente sua incorporação nesse universo. Até o momento ouvimos e vimos chamar de "filantropia estratégica" ou "filantropia de risco". A meu ver, as expressões não se adequam às premissas de sua origem, que é trazer benefícios para o investidor social e para as organizações da sociedade civil (OSCs). Assim, traremos a visão de vários especialistas dentro desse conceito e trajetória.

Segundo Miguel Perroti, sócio fundador da Invest Tech, gestora de fundos de *venture* capital e *private equity*: "é processo de investimento social se assemelha bastante ao processo de investimento financeiro, e deve contar não só com habilidades para a gestão do orçamento adquirido como também de empreendedorismo já visando a obtenção de resultados que sustentem a manutenção do projeto". E mais "A primeira etapa a se considerar na Venture Philanthropy é a seleção das oportunidades. Há dois pontos fundamentais para se analisar na hora de optar por uma entidade: a seriedade dela e a complementaridade entre o perfil do investidor e da entidade".

> Em outras palavras, o investidor deve avaliar o quanto de valor ele poderá agregar à entidade, pois o foco do projeto será o desenvolvimento de capacidades, e não programas para despesas operacionais gerais. Esses doadores poderão ainda tomar posições em conselhos de administração das organizações que financiam.
>
> A partir disso, é construído um plano de negócios, com objetivos bem definidos. É interessante que este plano seja baseado em um produto. Isto agrega valor e ajuda na sustentação da iniciativa, pois mostra aos investidores e clientes um resultado prático da ação.

Percebemos que não é apenas uma forma de captar recursos e, sim, todo um planejamento de negócios social, e como Perroti diz: "o Venture Philanthropy é justamente uma forma de não apenas dar o peixe, mas de fato ensinar as organizações sem fins lucrativos a pescarem os seus próprios resultados".

Para Paul Shoemaker, presidente fundador do Social Venture Partners,

> [...] a Venture Philanthropy reconhece que um grande programa - que ensine as crianças a ler, ajude a tirar pessoas da pobreza ou melhore os resultados de saúde - não é mais importante do que a organização responsável pela sua realização. É fundamental investir na organização e na sua capacidade. Se você quer ter programas eficazes e sustentáveis, que realmente fazem a diferença, você deve ter uma infraestrutura organizacional forte e estável para apoiá-los. Você tem que ir além do apoio financeiro e ter uma visão de longo prazo do que significa investir em soluções para os problemas globais ou locais.

Já para a economista Martha Hiromoto, que encabeçou voluntariamente um estudo do Instituto para o Desenvolvimento do Investimento Social (IDIS) sobre esse tema,

> [...] os diferenciais dessa forma de investimento é a possibilidade de oferecer mais robustez às organizações finan-

ciadas. Isso porque ele junta o capital doado a um "pacote de gestão". Dependendo do tipo de investimento adotado, o impacto na organização é diferenciado: o pacote pode variar do simples aconselhamento estratégico à seleção de funcionários, podendo interferir na estrutura da instituição. O novo modelo exige uma alteração na lógica do investimento social tradicional: em vez de o apoio focar-se em uma ação ou projeto de curta duração, em geral com duração de um ano, ele é direcionado para a instituição como um todo.

O diferencial do *venture philanthropy* é o fato de sempre prever a saída do investidor. "É um investimento com hora para acabar", afirma a economista. A organização é preparada para continuar em busca de retornos sobre os investimentos por suas próprias capacidades e, em geral, com sustentabilidade. Isso não significa que a mesma instituição não possa receber um novo aporte, pelo contrário. Após determinado prazo, é possível obter mais recursos. "Mas o novo investimento ocorrerá a partir do estabelecimento de novos indicadores e metas e isso acaba gerando mudança na estrutura organizacional e a destinação de recursos ocorre por períodos longos, geralmente com a previsão de resultados após três ou cinco anos do início do contrato". Veja a diferença.

8.2 DIFERENÇAS ENTRE O INVESTIMENTO SOCIAL PRIVADO TRADICIONAL E O *VENTURE PHILANTHROPY*

Quadro 6 – Investimento Social Privado e Venture Philanthropy

	Investimento Social Privado	**Venture Philanthropy**
Recursos	Investimento por projeto	Investimento por projeto e institucional
Tempo de Retor	Projetos de 1 ano	Retorno esperado varia entre 3 e 7 anos
Monitoramento	À distância	Direto
Retorno	Social	Social e eventualmente financeiro
Avaliação	Processo e resultado de projeto	Processo, resultado e impacto

	Investimento Social Privado	Venture Philanthropy
Engajamento	Baixo	Alto

Fonte: elaborado pela autora com informações do Instituto de Desenvolvimento do Investimento Social (IDIS)

Como percebemos, essas diferenças são bem grandiosas tanto na forma de investimento quanto de retorno, monitoramento, avaliação e engajamento, ou seja, não é apenas um aporte financeiro ou doação, mas um investimento de longo prazo, com monitoramento e um respaldo proativo de maximização do seu retorno, e, ainda, o fortalecimento da instituição que está sendo financiada. Temos ainda a visão de Carina Pimenta, diretora de operações da Conexsus – Instituto Conexões Sustentáveis, que fala:

> O Venture Philanthropy é novo no sentido de abarcar parte das inovações que institutos, fundações, family offices e outros doadores tradicionais vem buscando para obter maior resultado de impacto.
>
> Em um primeiro olhar, percebemos uma identificação, pois é um campo de criação e inovação que é necessário desenvolver para alcançarmos outros resultados.
>
> Saber o que as organizações pensam e precisam e, a partir daí, construir estratégias: nas premissas da Venture Philanthropy, esse é um dos elementos mais desafiadores, porque isso significa ter um diálogo muito maior e mais estratégico com o seu círculo de parceiros.
>
> Para mim, ao mesmo tempo que traz a inovação, permite uma abertura de diálogo em novos parâmetros de relação investidor-investido e de doador-receptor. Permite mais flexibilidade, parceria e corresponsabilidade com os resultados os projetos. Isso é algo conceitualmente muito interessante.

Segundo Camila Aloi, assessora de relacionamento do Gife,

> [...] o grande agregador da Venture Philanthropy é o fator de encurtar distâncias entre o financiador e a organização social na construção de um projeto, no sentido de perguntar para a organização o que ela precisa.
>
> A partir dos três pontos que formam o tripé conceitual, acredito que é possível gerar impacto social. O processo de

escuta da organização, de mentoria, de avaliação de impacto, tudo isso é uma troca muito grande entre o financiador e a organização beneficiada.

Acontece muito hoje em dia de as empresas fazerem um edital e as ONGs terem que se adaptar. A ideia é inverter isso, consultar primeiro a necessidade das organizações, desenvolvendo a institucionalidade delas. Com o financiamento híbrido, há a liberdade para a organização investir onde ela acha que precisa. "Na compra de material, beneficiar em estrutura, e outros, não temos até hoje, de forma tão consciente, a construção de um projeto assim.

São abordagens diversas de *venture philanthropy*, mas sempre levando ao percurso de um caminho que é a oportunidade na construção de pontes entre as atividades dos negócios sociais e o governo, com o entendimento de que essas iniciativas são de extrema importância para alavancar outras ações com novos empreendedores e investidores sociais que desejam gerar impactos e retornos aos negócios sociais que possuem.

8.3 O QUE MUDA COM O *VENTURE PHILANTHROPY*?

Moeda de troca: quem antes doava dinheiro agora investe tempo e conhecimento a favor do bom funcionamento da organização e impacto social positivo a ser gerado.

O tempo: o investimento passa a ser programado e dura o necessário para a ONG se fortalecer e tornar-se sustentável.

O resultado: o terceiro setor ganha a eficiência do setor privado e independência de uma única fonte de investimento.

Citaremos algumas das maiores instituições de caridade dos EUA, em 2018:

1. United Way Worldwide

A maior instituição beneficente do país que financia uma ampla gama de atividades.

Doações privadas recebidas: US$ 3,47 bilhões.

Eficiência em captação de recursos: 91%.

Compromisso: 86%.

Sede: Alexandria, Virgínia.

2. Feeding America

Banco de alimentos.
Doações privadas recebidas: US$ 2,65 bilhões.
Eficiência em captação de recursos: 99%.
Compromisso: 99%.
Sede: Chicago.

3. Americares Foundation

Fornece ajuda humanitária em desastres no exterior.
Doações privadas recebidas: US$ 2,38 bilhões.
Eficiência em captação de recursos: 100%.
Compromisso: 99%.
Sede: Stamford, Connecticut.

4. Força Tarefa para a Saúde Global

Rotas de doação de medicamentos para o exterior.
Doações privadas recebidas: US$ 2,16 bilhões.
Eficiência em captação de recursos: 100%.
Compromisso: 100%.
Sede: Decatur, Geórgia.

5. Exército da Salvação

Agência de serviço social e instituição religiosa.
Doações privadas recebidas: US$ 2,03 bilhões.
Eficiência em captação de recursos: 88%.
Compromisso: 82%.
Sede: Alexandria, Virgínia.

6. St. Jude Children's Research Hospital

Hospital autônomo.
Doações privadas recebidas: US$ 1,51 bilhão.

Eficiência em captação de recursos: 84%.
Compromisso: 71%.
Sede: Memphis, Tennessee.

7. Direct Relief

Rotas de doação de remédios e suprimentos para 140 países.
Doações privadas recebidas: US$ 1,22 bilhão.
Eficiência em captação de recursos: 100%.
Compromisso: 99%.
Sede: Santa Barbara, Califórnia.

8. Habitat for Humanity International

Constrói casas para a população carente.
Doações privadas recebidas: US$ 1,1 bilhão.
Eficiência em captação de recursos: 88%.
Compromisso: 85%.
Sede: Americus, Geórgia.

9. Boys and Girls Clubs of America

Programação de contraturno escolar.
Doações privadas recebidas: US$ 990 milhões.
Eficiência em captação de recursos: 88%.
Compromisso: 80%.
Sede: Atlanta, Geórgia.

10. Catholic Charities USA

Principal instituição de auxílio social.
Doações privadas recebidas: US$ 860 milhões.
Eficiência em captação de recursos: 91%.
Compromisso: 88%.
Sede: Alexandria, Virgínia.

Diferentes dos negócios sociais tradicionais, o *venture philanthropy* destaca uma "nova forma de investimento e a possibilidade de oferecer mais robustez às organizações financiadas. Isso porque ele junta o capital doado a um pacote de gestão", como disse Martha Hiromoto, o que proporciona às organizações sociais buscarem sua autossustentabilidade, que lhes é imprescindível.

CAPÍTULO IX

A SOCIEDADE CIVIL E A POLÍTICA

9.1 O FORTALECIMENTO DA SOCIEDADE CIVIL NA POLÍTICA

O Terceiro Setor, como sabemos, desenvolve políticas públicas em diversas áreas, alcançando resultados nunca conseguidos pelo poder público, mesmo porque é justamente ele que está sempre mais próximo de suas demandas, sabendo exatamente o que fazer e como fazer, sendo seu problema maior o como fazer, ou seja, a dificuldade de captar recursos para executar seus projetos que, em grande maioria, são pensados e desenvolvidos por lideranças comunitárias, rurais, indígenas, ambientais e tantas outras. Essas lideranças e liderados ou, melhor, a sociedade civil organizada, estão cada vez mais perceptivas e atentas a que tudo passa pela política, pelos políticos e por suas decisões. Assim, aos poucos, estão começando a participar mais da política brasileira, seja por meio de reivindicações específicas, debates públicos ou buscando uma vaga no poder executivo ou legislativo para que possa ter a oportunidade de realmente desenvolver políticas públicas que venham ao encontro de seu amadurecimento voltado ao protagonismo da população.

Poderemos perguntar: o que o Terceiro Setor tem a ver com isso? Tem muito. Hoje, são 820.400 organizações do Terceiro Setor no Brasil, segundo Instituto Brasileiro de Geografia e Estatística- IBGE, empregando mais de 3 milhões de pessoas com carteira assinada ou 9,5% da população. É um número imenso de indivíduos envolvidos que buscam direito à cidadania, respeito à democracia e políticas públicas eficientes e justas a todos, sendo exatamente isso que está faltando nesse sistema político que ora se encontra. Logo, buscam a participação do Terceiro Setor que é voltado ao interesse público sem o benefício individual para preencher o espaço representativo ocupado de maneira insubstancial pelos partidos políticos que visão sempre seus proveitos acima de qualquer benefício à população. Isso levando em conta que grande número de entidades atua nas mais diversas áreas, com os mais diferentes setores sociais que envolvem os mais diferentes tipos de pessoas, conhecimentos e saberes expressando interesses prolixos da sociedade junto ao Estado.

Esses fatos deveriam trazer uma crescente preocupação política partidária, porque esse setor e suas lideranças têm da população a credibilidade que o político não tem, até porque chega o ano de eleições e eles começam a aparecem nos bairros, nas instituições sociais e junto às lideranças comunitárias para pedir votos, pedir ajuda com promessas disso e daquilo, as quais nunca são cumpridas, passa a eleição e eles automaticamente desaparecem da mesma maneira como fizeram ao pedir ajuda quando precisaram. Isso percebermos de 4 em 4 anos, sempre.

O Terceiro Setor que tem credibilidade e contribui efetivamente de maneira diversa com a população precisa também potencializar a formação da cidadania política às pessoas por ele atendidas, demonstrar que aquela ação ou atividade que está sendo contemplada, na realidade, seria obrigação do Estado, e não da entidade, e que ela está realizando pelo fato de o governo estar ausente de suas obrigações constitucionais perante àquela comunidade. A partir desse fato concreto esclarecido, conscientizar a todas as pessoas de que não adianta apenas reclamar ou protestar por seus direitos não atendidos, mas principalmente devem encontrar formas de fazer com que sejam respeitados tantos os seus direitos quantos os de todos. De que maneira pode ser feito isso? Envolvendo-se e participando mais das políticas públicas a serem implementadas. Vendo no seu município, no seu bairro e na sua rua as necessidades constantes que nunca são resolvidas, entra governo e sai governo e continua sempre a mesma coisa.

Então, está na hora de você como cidadão buscar respostas a tanto descaso, uma vez que esse ambiente polarizado passa a aumentar a intolerância e a descrença nos políticos, inclusive, pelo fato de vermos tanta corrupção com desvio de dinheiro público e tanta falta de respeito com a sociedade em geral, como vemos diariamente nas mídias. O que percebemos de tudo isso é que estão surgindo diversos movimentos politizados comandados por pessoas comuns da sociedade civil, incluindo muitos jovens que, antenados em seu papel de cidadão, passaram a exigir seus direitos a educação, saúde, transporte, trabalho, vacina e respeito, que foram designados como o nascimento da terceira onda.

Esses movimentos começaram a surgir em 2013, com as manifestações nas ruas pedindo o impeachment, logo depois em favor da Lava Jato e vieram outros. Ou seja, saíram às ruas reivindicando seus direitos e viram que o poder está no povo, não no Congresso, no Palácio do Planalto, nas Assembleias Legislativas e em outras esferas do poder público, porque todas essas pessoas são pagas por nós cidadãos para defender nossos interesses, o que que para muitos desses representantes foi completamente deturpado. Eles passaram a defender seus interesses pessoais e de suas famílias, de seus bolsos e esqueceram quem os colocou onde estão, quem paga seus altos salários e suas mordomias e quem pode tirá-los de lá. Eles são, na realidade, nossos funcionários, e não ao contrário, e funcionários que aumentam seus salários quando e para quanto quiserem.

Todos esses fatos estão levando a sociedade a começar a politizar-se, mesmo porque a política faz parte de nossas vidas, querendo ou não, é a política que norteia tudo a nosso respeito e nesse momento estamos cada vez mais entregues a pessoas despreparadas para gerir suas próprias vidas imagina a nossa. É justamente por isso que precisamos como cidadãos entender que é nosso dever cívico termos participação e engajamento político, devemos acreditar que nosso país é de todos e não de uma minoria, que com pessoas comprometidas com o bem-estar da sociedade, como você, como eu, como nós, poderemos transformar o jeito de fazer política neste país. Logo, seja individualmente como pessoas politizadas ou em movimentos políticos sociais, precisamos ser partícipes de uma reforma do sistema político, seja por meio de mobilização e articulação que possam apresentar alternativas, instrumentos ou novas ideias na forma de se pensar e fazer política com novos sujeitos que estão fora da política mesmo capacitados, em um contexto em que existem uma grande maioria de políticos sem nenhuma capacitação, alguns semianalfabetos sem entender pelo menos o que significa elaborar uma lei.

Mesmo porque, como falamos anteriormente, a política faz parte da nossa vida em todos os sentidos, se concordamos ou discordamos, se colocamos nossas opiniões ou indignação nas redes sociais, se conversamos em nosso trabalho ou na mesa de um bar, estamos na realidade fazendo política, pois ela é sempre alicerçada em ideias e opiniões. Porém, não devemos parar nas ideias e opiniões, temos que nos envolver mais, como buscar ocupar um cargo público eletivo, ou seja, buscar transformar essas ideias em realidade, candidatando-se e concorrendo a uma vaga, seja no legislativo ou executivo, contando que busque respostas para sua comunidade. Para tanto, é necessário filiar-se a um partido que esteja de acordo com seus interesses políticos e democráticos.

Mesmo sabendo que é muito difícil chegar a um denominador para escolher um partido que venha ao encontro de sua ideologia, já que o Brasil tem ultimamente 33 partidos políticos e sua grande maioria está desacreditada pela população, talvez por se afastarem ou se perderem em seu próprio ideal, por fazerem coligações oportunistas ou *benesses* individuais dos candidatos, deixando de lutar pelos interesses do coletivo ou sociedade, desconsiderando a confiança que lhes é depositada com o voto de cada cidadão. Considerando que estamos falando sobre o Terceiro Setor e seu envolvimento com a política pública, poderemos ter a noção que a sua participação socioambiental é de fundamental importância para o fortalecimento da democracia, seja pelo fato de desenvolverem diversas formas de políticas públicas, seja pela mobilização da sociedade com o trabalho voluntário, pelo comprometimento da qualidade de vida de uma comunidade, pelo desenvolvimento social ou, simplesmente, por acreditar que com pouco poderá transformar a vida de muitos.

Como disse Silvio Caccia Bava, pesquisador do Instituto de Estudos, formação e assessoria em Políticas Sociais da ActionAid Brasil:

> Como pauta, o Terceiro Setor surge de uma concepção de que a sociedade civil é organizada e tem que complementar os serviços do Estado, que não consegue resolver tudo. Mas nem o Terceiro Setor consegue resolver tudo, nem o Estado é tão limitado. Então, uma valorização do Terceiro Setor seria começar a contribuir para que o Estado assuma políticas universais de qualidade e garanta os direitos da constituição para todo brasileiro.

Este é um dos objetivos do Terceiro Setor: buscar parcerias tanto com o Primeiro quanto o Segundo Setor para que juntos possam minimizar as desigualdades sociais, que, automaticamente, são realizadas por meio de políticas sociais. E o que são políticas sociais? São ações desenvolvidas para suprir as necessidades básicas das pessoas, que compreende bens e serviços como: educação, saúde, alimentação, trabalho, moradia, transporte, lazer, segurança, previdência social, proteção à infância e tantos outros que trazem bem-estar e qualidade de vida aos cidadãos.

CAPÍTULO X

A CRISE DA PANDEMIA E O TERCEIRO SETOR

10.1 O TERCEIRO SETOR E A PANDEMIA DO CORONAVÍRUS

Em pleno dezembro de 2019, um dia qualquer, em Wuhan, na China, que se transformara em uma grande catástrofe, com a identificação do Sars-CoV-2, o coronavírus que causa a doença da covid-19, um vírus que levou a um surto de infecções no mundo inteiro, transformando alguns países no epicentro dessa pandemia, devido ao gigantesco número de casos que se alastravam com uma rapidez supersônica. No Brasil, o primeiro caso foi confirmado no dia 26 de fevereiro de 2020, em São Paulo. Até então, nossas vidas eram normais, trabalho, saída com amigas, abraços e mais abraços, visita a familiares, passeios ao shopping, bares, restaurantes cheios, viagens, eventos diversos, igrejas e tudo que nos davam prazer de viver livres. De repente, tudo mudou.

A pandemia se alastrou com milhares de pessoas contagiadas, hospitais lotados, pessoas morrendo na fila esperando uma oportunidade de atendimento, falta de oxigênio, medidas preventivas, como o distanciamento social, uso de máscaras faciais, lavagem das mãos constantemente, uso de álcool gel, fechamento de locais de trabalho, comércio e *lockdowns*. Isso trouxe consequências negativas muito grandes, como aumento do desemprego, fechamento de muitas empresas privadas de todas as áreas, crescimento da fome, resultando na instabilidade política, social, econômica e financeira, abalando toda a sociedade com uma das maiores recessão já vistas desde o surgimento da grande depressão. Surgiram as primeiras vacinas e diversos países começaram a imunização de seus cidadãos para o controle da contaminação viral, porém o Brasil custou muito a negociar a compra das vacinas para imunizar as pessoas, o que levou a um descontrole total da epidemia, levando a óbito um número exorbitante de 708.999 mil brasileiras e brasileiros. Segundo os últimos dados do Conselho Nacional dos Secretários de Saúde (Conass), o país agora possui 38.264.864 casos confirmados até 19/01/2024. Famílias que perderam pessoas amadas e amigos, o desânimo abateu todos por tantas perdas.

Felizmente, nem tudo é desgraça, houve também algo de positivo, como a transformação que ocorreu na vida de todos, no sentido de nos reinventar, de usar mais a criatividade no conviver com os outros, no trabalho, na forma de se divertir, de se comunicar ou, melhor, de viver da melhor maneira. Se formos pontuar diversas mudanças que ocorreram, podemos começar pela forma como agíamos e pensávamos e o que está acontecendo agora, devido à pandemia.

Estamos realmente passando por uma crise, econômica, social e financeira, só enfrentada no período da grande depressão, o que está levando toda a sociedade a se reinventar, seja na vida pessoal ou profissional, até mesmo revisar seus valores e conceitos, pois o momento levou a todos ou quase todos a não pensarem somente neles, mesmo porque o índice do desemprego aumentou tanto, chegando a quase 15 milhões de desempregados. Esse fato levou a fome e a mendicância nas ruas e, assim, o aparecimento de pessoas solidárias que passaram a doar alimentos, roupas e outros materiais para quem precisava. Outras pessoas doavam alimento aos caminhoneiros que transportavam pelas estradas o oxigênio e materiais hospitalares necessários. Vimos também médicos, enfermeiros e outras pessoas que trabalham em hospitais na linha de frente desta pandemia arriscando suas vidas para tratar de quem precisava, deixando suas famílias, sem vê-los por muito tempo, e outras tantas situações que fizeram a diferença neste tempo tão conturbado para todos.

Outro fator é repensar a prática de consumo. Mesmo porque não podíamos sair a eventos, supermercado, shopping e outros, logo, o consumo foi mais controlado. Segundo Copenhagen Institute for Futures Studies, a ideia de "menos é mais" é o que vai nortear os consumidores daqui para frente. Para Sabina Deweik, mestre em Comunicação Semiótica pela PUC e pesquisadora de comportamento e tendências,

> Consumir por consumir saiu de moda [...] O que antes em uma organização gerava resultados financeiros, persuadindo, incentivando o consumo, aumentando a produção e as vendas, hoje não funciona mais. [...] Hoje, faz-se necessário pensar no valor concedido às pessoas, no impacto ambiental, na geração de um impacto positivo na sociedade ou no engajamento com uma causa. Faz-se necessário olhar definitivamente com confiança para os colaboradores já que o *home office* deixou de ser uma alternativa para ser uma necessidade. Faz-se necessário repensar a sociedade do consumo e refletir o que é essencial.

Antes da pandemia, vivíamos receosos com a violência e o constante medo de assalto, o que nos fazia estar sempre alertas por onde íamos e isso já era um desconforto a todos, só não pensávamos que isso poderia piorar e muito nossas vidas com a pandemia, pois hoje, além do medo que tínhamos, acrescentou novos hábitos que passaríamos a ter constantemente, como a ansiedade, depressão, medo do contágio, uso de máscara, álcool gel, distanciamento social, não frequentar espaços públicos, principalmente os fechados, não poder fazer visitas aos parentes e aprender a lidar com a dor da perda de um grande número de pessoas amadas que morreram devido a essa peste.

Por outro lado, foi um tempo de muita aprendizagem a todos que conseguiram ter a conscientização de que, para ultrapassar esse momento difícil, era preciso que todos participassem, envolvendo-se em novas tendências, como o uso do delivery de restaurantes, supermercados, farmácias, comércio e feiras, assim como na área cultural, com shows, lives e espetáculos online, cursos, aulas, palestras, reuniões e conferências online. Não para nisso, há também a utilização do trabalho *home office*, que já existia em muitos países desenvolvidos, mas aqui no Brasil ainda era bastante irrisório. Essa pandemia acelerou esse processo, fazendo-nos entender que podemos produzir e reproduzir nossos conhecimentos e expertises em nossa casa, sem, necessariamente, ter um outro local para desenvolver nossos trabalhos, inclusive nos trazendo mais tempo para essa produção.

Creio que essa será uma das tendências que se perpetuaram para o futuro, uma vez que evita o desperdício de tempo nos transportes como ônibus e metrôs, congestionamentos no trânsito, custos da empresa com energia e grandes estruturas e outras situações desnecessárias. Ou seja, todas essas mudanças no nosso agir, pensar e fazer durante a pandemia acabaram nos preparando para uma nova fase de um novo mundo pós-pandemia. Segundo Átila Iamarino, doutor em Microbiologia pela Universidade de São Paulo e com pós-doutorado pela Universidade Yale, em entrevista para a BBC Brasil,

> O mundo mudou, e aquele mundo (de antes do coronavírus) não existe mais. A nossa vida vai mudar muito daqui para frente, e alguém que tenta manter o status quo de 2019 é alguém que ainda não aceitou essa nova realidade.
>
> Mudanças que o mundo levaria décadas para passar, que a gente levaria muito tempo para implementar voluntariamente, a gente está tendo que implementar no susto, em questão de meses.

Isso é muito real, pois percebemos que essa aceleração do tempo relacionada ao período da pandemia trouxe e trará profundas reestruturações seja na área econômica, social, política e organizacional, trazendo-nos a sensação de que esse período dividiu o mundo em duas fases, o "antes" e o "pós-covid-19", o que já aconteceu em outras épocas que também trouxeram experiências bem traumáticas à sociedade em geral, como podemos citar algumas pandemias que atingiram a população. Iremos citar algumas, segundo dados da Organização Mundial da Saúde, Código de Defesa do Consumidor, Fórum Econômico Mundial, Encyclopedia Britannica, Agência Fiocruz.

10.2 AS PESTES OCORRIDAS NO MUNDO E SUAS CONSEQUÊNCIAS

Para termos noção do que já ocorreu no mundo com as pestes.

- **Peste Antonina (165-180)**: atingiu 5 milhões de pessoas infectadas. Colaborou para desestruturar o Império Romano, causando impacto social e econômico. Segundo definições dos sintomas causados, acredita-se que a causa tenha sido da varíola.

- **Praga de Justiniano (541-542)**: Foram atingidas de 30 a 50 milhões de pessoas. Teve como origem a China e a Índia, a doença (provocada pelo bacilo da peste bubônica) enfraqueceu o Império Bizantino. Calcula-se que de 5 mil a 10 mil pessoas morreram por dia em Constantinopla, atual Istambul.

- **Peste Negra (1347-1351)**: 200 milhões de pessoas atingidas. Estimada como a pior pandemia, somente na Europa teria morrido cerca de um terço da população. Conhecida como peste bubônica, ela trouxe grandes transformações sociais, contribuindo para abolir o preceito da servidão com os impostos dos camponeses na época.

- **Varíola (1520)**: foram 56 milhões de mortes. Doença que foi trazida à América pelos espanhóis, tendo um impacto devastador sobre a população local.

- **Cólera (1817-1923)**: alcançou 1 milhão de pessoas. Expandiu-se do Vale do Ganges (Índia) até o norte da África e regiões da Ásia.

- **Febre amarela (final séc. 19)**: 150 mil pessoas morreram. O Brasil foi um dos países mais afetados por essa doença. Aproximadamente, 4 mil dos 266 mil habitantes da cidade do Rio de Janeiro teriam morrido.

- **Gripe russa (1889-1890)**: chegou a matar 1,5 milhão de pessoas. Segundo dados, essa gripe teria iniciado no atual Uzbequistão, espalhando-se por toda a Europa, Ásia, África e América.

- **Gripe espanhola (1918-1919)**: atingiu 50 milhões de pessoas. Há controvérsias em relação ao nome, não existindo tratamento, o H1N1 foi combatido por meio de quarentenas, higiene e alívio dos sintomas. No Brasil, algumas cidades ficaram completamente evacuadas e os necrotérios lotados.

- **Gripe asiática (1957-1958)**: alcançou de 1 milhão a 4 milhões de pessoas. Após quarenta anos do impacto provocado pela gripe espanhola, um outro vírus, a influenza, o H2N2, tornou a provocar uma nova pandemia que atingiu a China, Ásia, Oceania, África, Europa e EUA.

- **Gripe de Hong Kong (1968-1970)**: atingiu de 1 milhão a 4 milhões de pessoas. Se somarmos, será a quarta pandemia de gripe causada por outra variante do vírus influenza, o H3N2, este disseminado por aves.

- **HIV/Aids (1981-hoje)**: já alcançou a margem de 32 milhões de pessoas. O HIV já causou mais de 30 milhões de mortes e ainda continua apesar dos avanços no tratamento, o que falta é cuidado, pois ele é transmitido pelo sangue contaminado ou sêmen.

- Para a Organização Mundial da Saúde (OMS), somente em 2018, 770 mil pessoas morreram por complicações da Aids. Ela gerou muitas mudanças de comportamento relacionadas ao ponto de vista sexual e disseminação quanto ao uso de preservativos.

- **Gripe A (2009-2010)**: atingiu de 100 mil a 400 mil pessoas. Segundo a OMS, calcula-se que o total de vítimas do H1N1 supera os 100 mil. Foi a primeira vez que uma vacina foi criada e distribuída ainda no primeiro ano de pandemia.

- **Ebola (2014-2016)**: chegou a atingir 11,3 mil pessoas. Essa foi a epidemia mais grave dessa doença, ela teve seu início na África e se espalhou por outros países: Guiné, Libéria e Serra Leoa. Estima-se que provocou a morte de 50% dos infectados, pois ela é demasiadamente letal.
- **Coronavírus (2019)**: no Brasil, 712.537 são vítimas até 04/07/2024, segundo site covid.saude.gov.br. Surgida na China, em 2019, na cidade de Wuhan. Os primeiros casos da infecção parecem ter acontecido de animais para pessoas e segue se alastrando em ritmo acelerado em todos os continentes. Países determinam restrições de circulação, aglomerações e funcionamento de escolas e comércio. Segundo o Instituto de Métricas e Avaliação da Saúde (IHME, na sigla em inglês), da Universidade de Washington, calcula-se que já passa de 7,2 milhões o número mortes pela covid-19 em todo o mundo.

Como percebemos anteriormente, existirão e existiram muitas pestes que trouxeram grandes sequelas que atingiram de maneira impactante não somente a humanidade e a economia, como também a forma de negócios e a política. Se formos contabilizar a quantidade de mortes com todas essas pandemias que afetaram a humanidade e o quanto isso causou de sofrimentos e perdas de valor incalculável à população, diríamos que já deveríamos ter aprendido algo com todas essas calamidades ocorridas ao longo do tempo. Aprendemos algo? Creio que não. Continuamos uma sociedade cada vez mais desigual, apolitizada, alienada, injusta e preconceituosa, incapaz de exigir seus direitos. Porém, foi perceptível que essa pandemia fez acordar um grande número de pessoas que se encontravam adormecidas no berço do marasmo, e por que isso? Porque as atingiu no seu alicerce humano, fazendo-as acordar não só para a vida, mas, principalmente, pela falta dela, ou seja, por todas as pessoas queridas que a pandemia levou, causando-lhes sofrimentos emocionais, psicológico, físico, econômicos, mentais e materiais, o que as marcaram com feridas muito profundas e que somente o tempo poderá minimizar.

Muitos fatores levaram a essa catástrofe e infelizmente, deliberadamente, pelo governo federal que não adotou nenhuma estratégia real de combate à pandemia. Pelo contrário, desde o seu princípio, ouviu-se do presidente Jair Bolsonaro uma narrativa explicitamente negacionista, declarando publicamente que o vírus em questão era apenas fantasia, chamando o coronavírus de "gripezinha" e de "resfriadinho". Posteriormente, desqualificando todas as medidas necessárias para a contenção por meio do distanciamento social, uso de máscaras, álcool gel, vacinação e *lockdown*, inclusive, fazendo a propagação com falsas ilusões de medicamentos sem nenhuma eficiência comprovada. Além de tudo, fez pronunciamentos nacionais defendendo esses seus propósitos e estimulando a população a ir em contramão das políticas de enfrentamento da pandemia adotadas pela própria OMS. Começou também a utilizar as redes sociais com um aparelhamento montado para disseminar a desinformação sobre a pandemia, o que acabou por circular com mais rapidez entre as pessoas que o seguiam, uma vez que ela era pronunciada por uma autoridade política que se acredita ser o correto e verídico.

Um estudo de pesquisadores do Laboratório de Mídia, Discurso e Análise de Redes Sociais (Midiars) ligado à Universidade Federal de Pelotas (Ufpel), no Rio Grande do Sul, mostra que as disputas político-partidárias em torno da covid-19 no Brasil alimentam uma cadeia de desinformação, cujo efeito tende a ser a redução na adesão da população a medidas de prevenção contra a doença. Todas essas informações apócrifas levaram também a uma polarização política que, creio, já era de se esperar desses representantes que estão no Congresso e Câmara de Deputados a nos representar, que continuam colocando seus interesses pessoais acima do interesse ou da saúde da população. Sendo justamente isso que estamos presenciando diariamente nas mídias, poucos são os parlamentares capazes e muitos são os capazes de tudo para se darem bem em suas concepções pessoais e políticas, o que é muito triste, pois não respeitam nem o momento tão difícil para todos.

Para o estudo anteriormente citado, as informações apócrifas são "narrativas alternativas estimuladas nas redes sociais, principalmente, por sites ilegítimos ou hiperpartidários". "Na definição do estudo, eles são "mídias nativas digitais que possuem a aparência de veículos informativos, mas produzem conteúdo que favorece uma ideologia política específica, frequentemente com estratégias como sensacionalismo e anonimato". Estamos falando justamente da onda de disseminação das *fake news* que assolou o país durante a pandemia. Todas essas ações negacionistas levaram a um índice de propagação do vírus e das mortes de mais de meio milhão de brasileiros, isso registrado, fora as que não chegaram a participar dessa estatística catastrófica.

Isso deve-se muito às atitudes dos governos estaduais e municipais que tomaram frente às estratégias de vacinação, articulação hospitalar, funerária e a prática do *lockdown* mesmo contra as definições do governo federal. E não paramos aqui esse reconhecimento humanitário, temos que dar destaque ao Sistema Único de Saúde (SUS) que é um dos maiores e mais complexos sistemas de saúde pública do mundo. Ele foi constituído por meio da Constituição Federal de 1988, em seu artigo 196, como intuito de efetivar um direito constitucional de saúde a todos, no qual a saúde é "direito de todos" e "dever do Estado", e está regulada pela Lei n.º 8.080/1990, a qual operacionaliza o atendimento público da saúde, desde o mais simples atendimento como uma verificação da pressão arterial até o transplante de órgãos, garantindo acesso integral, universal e gratuito para toda a população do país. Esse é o SUS que, com seus médicos, enfermeiros, acadêmicos, estagiários, funcionários diversos e voluntários, assegura o atendimento de toda a população infectada pelo covid-19. Os profissionais arriscam suas vidas e de suas famílias para tornarem-se os heróis dessa pandemia e, mesmo com a falta de recursos e a burocratização, não foram impedidos de apresentar excelentes resultados de cura, demonstrando seu valor como um sistema de saúde e sua indispensabilidade.

É lógico que atualmente reconhecemos o SUS e sua importância para a sociedade, principalmente, para aquelas pessoas que não podem pagar o absurdo cobrado pelos planos de saúde. Percebemos que, se o governo realmente investisse mais nesse sistema considerado o melhor do mundo, todos teriam um atendimento adequado do qual têm direito. É preciso investir e valorizar o SUS, aprimorá-lo, dar melhorar condições sanitárias e salariais aos médicos, enfermeiros e outros que trabalham nele.

Se pensarmos, basta a vontade política, que, infelizmente, em nosso país, tudo é assim, porém jamais podemos deixar de reconhecer a importância do SUS para a saúde no país. Realmente é indiscutível.

Outra percepção aflorada nessa pandemia é que o Brasil precisa urgentemente investir mais recursos em pesquisas, e não diminuir como está ocorrendo. Se houvesse investimentos considerados em pesquisas, talvez pudéssemos ter passado por essa pandemia com menos perdas e sofrimentos, pois foi devido a esse momento cataclísmico que pudemos ver o valor e a importância dos pesquisadores da área científica em nosso país, assim como o preço alto que pagamos pelo descrédito pregado contra a ciência. Temos que dar importância a quem tem importância, que são os cientistas, enfermeiras, médicos, professores, motoristas de ônibus e caminhão, catadoras, caixas de supermercado, entregadores, policiais, repórteres e tantos outros profissionais que, mesmo com medo, arriscando suas vidas, continuaram trabalhando para garantir o bem-estar de todos. Não os políticos ou, melhor, parlamentares, dos quais muitos aproveitaram essa pandemia para fazer as lambanças pelas quais são acostumados a sempre se darem bem.

Como não existem somente fatos ruins, vimos surgir também atitudes espontâneas, como a rede de solidariedade que fez com que muita gente conseguisse passar por esses momentos tão difíceis, e a solidariedade realmente tornou-se uma das principais armas contra a pandemia. Foram pessoas se organizando para colaborar com quem mais precisa por meio da distribuição de cestas básicas, uma vez que o índice do desemprego chegou a quase 15 milhões, resultando na volta da miséria, em que famílias e mais famílias estão verdadeiramente passando fome, crianças e adolescentes fora da escola, local onde, muitas vezes, eles se alimentavam e que agora não têm esse espaço de apoio.

Assim como não podemos esquecer o importantíssimo trabalho desenvolvido pelas empresas privadas que, movidas por um propósito que vai muito além do lucro, colaboraram com o que podiam para minimizar toda essa tragédia, seja com disponibilização de oxigênio, alimentação, máscara, álcool gel, roupas hospitalares, aviões, colchões, refrigeradores para armazenar vacinas e muitos outros bens, que com suas atitudes impactaram imensamente no bem-estar da coletividade.

10.3 O TERCEIRO SETOR SE DESTACANDO

Com todo esse processo que foi gerado pela pandemia do coronavírus que atingiu toda a sociedade, com o Terceiro Setor não foi diferente, ele também sofreu um impacto muito grande seja em relação aos seus projetos, atendimentos, captação de recursos e andamento em sua gestão, principalmente, a grande maioria das organizações que tem como fonte de recursos doações, eventos beneficentes (bingos, chás da tarde, feijoadas, bazares e jantares) para complemento de suas receitas e a manutenção de seus projetos. Isso tudo foi prejudicado demais durante esse período, em que foi preciso existir o distanciamento social para o controle da disseminação do vírus. Porém, todas essas medidas necessárias acabaram por impactar as organizações do Terceiro Setor com a suspensão de suas atividades e principalmente as pessoas que elas atendem nas mais diversas áreas, uma vez que elas se encontram na ponta no atendimento das comunidades mais necessitadas, sejam elas: educação, esporte, cultura, alimentação, voluntariado, creche, câncer infantil, atendimento a crianças especiais e idosos, aula de reforço e tantas outras. O que nos leva a perguntar.

O que aconteceu com essas pessoas? Como ficaram as crianças, adolescentes e idosos que tinham essas organizações como fornecedoras de suas principais refeições diárias? Como estão as crianças que eram deixadas nas creches para suas mães irem trabalhar? Ou seja, muitas e muitas perguntas estão sem respostas ou com respostas desagradáveis. Contudo, ao mesmo tempo em que todos esses transtornos eram causados, vimos surgir uma onda de solidariedade que alcançou grande quantidade de pessoas anônimas, artistas, empresas, profissionais liberais e principalmente as organizações da sociedade civil. Na realidade, foram esses atores que importaram e seguraram essa catástrofe que abalou a todos, comprometendo-se em colaborarem da melhor maneira possível, fazendo a diferença para um número exorbitante de pessoas. Citaremos algumas ações desenvolvidas.

A Associação Brasileira de Captadores de Recursos (ABCR) realizou uma ação de captação de recursos arrecadando mais de 840 milhões de reais em doações para combater a covid-19. Esse montante envolve doações de empresas privadas, fundações e indivíduos, além de iniciativas de financiamento coletivo (crowd funding). Nesse momento, acontecem maravilhas do bem que só vimos em determinadas situações, como foi o caso da união dos três maiores bancos privados do Brasil, Bradesco, Itaú e Santander, que se comprometeram a importar da China e doar para o Ministério da Saúde cinco milhões de testes rápidos de detecção da covid-19. Além de tomógrafos e respiradores, ao custo de mais de 20 milhões de dólares, além de unirem-se também para uma ação emergencial de combate à fome neste momento dramático da pandemia, realizando a doação de mais de 500 mil cestas básicas, que totalizam um valor de R$ 37,5 milhões.

A Central Única das Favelas (Cufa) é uma organização brasileira reconhecida nacional e internacionalmente nos âmbitos político, social, esportivo e cultural que existe há 20 anos. Ela foi criada pela união de jovens de diversas favelas, principalmente negros, que buscavam espaços para expressarem suas atitudes, questionamentos ou simplesmente sua vontade de viver. Durante a pandemia, ela fez uma pesquisa no Brasil que demonstrou que várias pessoas que vivem em comunidades carentes no país tiveram piora gigantesca em sua alimentação em 2021, inclusive muitas sem alimentação, mesmo porque, atualmente, o índice de desemprego já alcança aproximadamente 15 milhões de pessoas e logicamente a pandemia de covid-19 veio causar um aumento desproporcional. Para mitigar toda essa conjuntura, a Cufa se uniu a outras organizações não governamentais (ONGs), entre elas, Gerando Falcões, Frente Nacional Antifascista, Organização das Nações Unidas para a Educação, a Ciência e a Cultura (Unesco), UniãoSP, para, conjuntamente, promoverem a campanha Panela Cheia, com intuito de mobilizarem recursos financeiros para compra de cestas básicas a serem entregues às famílias mais afetadas pela fome. Sua meta é garantirem a compra de dois milhões de cestas que serão distribuídas em todo o país.

E por que essas ações dão certo? Pelo simples fato de que o resultado é mais rápido a ser alcançado e o impacto é maior devido a essas ações serem direcionadas lá na ponta, ou seja, diretamente nas comunidades, sabendo exatamente as maiores necessidades delas, sejam as cestas básicas, material de limpeza ou kits de higiene, transferindo esses alimentos ou materiais diretamente às famílias, sem a burocracia que existe em cada tomada de decisão do governo, e quando tem, pois enquanto o governo leva um tempo desnecessário debatendo, sobre o que fazer? Como fazer? De onde vêm os recursos? Para quem Fazer? Quem vai fazer? Ou seja, quem nasce primeiro, o ovo ou a galinha? Enquanto isso, um grande número de pessoas que estão passando fome, famílias sem saber como alimentar seus filhos, e eles em reuniões intermináveis lanchando do bom e do melhor. Quando se tem que fazer algo, faz-se, toma-se atitude principalmente quando estamos passando por situações tão catastróficas como essa. As pessoas estão com fome e precisam de ações rápidas que possam alimentá-las.

Diante desse contexto tão assombroso, o Terceiro Setor, que já tem em seu bojo o enfrentamento da vulnerabilidade social, teve que mais uma vez procurar se reinventar, reestruturar-se e se mobilizar muito mais para tentar minimizar a condição de quem mais precisa nesse momento. Essas transformações aconteceram em um grande número de instituições do Terceiro Setor que passaram inclusive nesse período a mudar sua forma de atuação e de atendimento para poder suprir as necessidades maiores das demandas que a elas recorriam, ou seja, começando a atuar de forma mais ampliada, redesenhando seus objetivos, se atendiam crianças e adolescentes, idosos, cultura, educação, esporte, lazer ou outras áreas, passaram a mobilizar recursos humanos e financeiros, para entregarem cestas básicas, máscaras, álcool gel, kit higiene, roupas etc. Isso beneficiou não apenas o seu público-alvo, mas também toda a família e a comunidade de seu entorno e que se encontram em situação de vulnerabilidade, principalmente quando perderam o auxílio que o governo dava a eles, que em sua maioria encontram-se também desempregados.

A habilidade e o *know how* que o Terceiro Setor tem em desenvolver articulações com empresas, governo e sociedade civil resultaram em um tsunami de solidariedade envolvendo incontáveis redes de apoio inovadoras aos mais necessitados por todo o país. Por isso, esse trabalho social foi e está sendo essencial à sobrevivência de milhões de pessoas que vivem em situação de fragilidade perdurada devido à pandemia. Logo, essas organizações que possuem capilaridades e vínculos locais têm muito mais condições e competência de apoio a essas populações, tornando-se um elo entre os diversos setores da sociedade, até por isso elas tornaram-se essenciais perante a urgência das pessoas nesse período.

Foi justamente em uma conjuntura dessa que nos encontramos atualmente dentro de uma das maiores crises econômica, política, social, financeira, ecológica e humana. O Terceiro Setor reafirma sua importância ao oferecer à sociedade a capacidade de mobilização, articulação e o poder de reinventar-se, buscando o envolvimento da sociedade de compreender a sua importância na vida de outras pessoas, na transformação que elas podem fazer com tão pouco, mas que para outros indivíduos é mais um dia que eles foram alimentados, acolhidos e, principalmente, sentiram-se mais próximo de ser um ser humano. O que muito acontece é que determinadas pessoas ajudam as outras e nem têm a noção do quanto de bem estão fazendo, não têm ideia de que aquele quilo de arroz, feijão, leite, café e outros alimentos está matando a fome de muitas famílias. Esse vírus da fome é tão nocivo quanto o coronavírus, pois esse está divulgado em todo o momento nas diversas mídias, estão pressionando para buscar imunização, ou seja, está em evidência constante, o que é necessário para a proteção de todos. E a fome?

São muitas as mazelas da sociedade, mas, se refletirmos um pouco, chegaremos à conclusão de que tudo isso que está acontecendo é devido à ganância exacerbada do ser humano. É a ignorância, a prepotência e a corrupção de pessoas que só pensam em si e no que podem ganhar, sem se preocupar com as consequências dos seus atos descabidos e o que eles podem causar a sociedade. Porém, como dizem, temos que tirar sempre algo de bom dos acontecimentos ruins. Assim podemos perceber o quanto de transformação o mundo todo sofrerá e com isso o Brasil também, seja nos modelos de negócios, na economia, no ecossistema, na agropecuária, na política, na educação, cultura, na saúde e, necessariamente, nas relações sociais. E podemos, inclusive, questionar-nos: como será o mundo pós-pandemia? Como serão nossas vidas? O que faremos e como faremos? Tudo isso é uma incógnita.

Contudo, esperamos que a solidariedade seja uma constante em nossas vidas, não somente nas doações, mas em relação ao preconceito e à discriminação, ao respeito pelo outro, e, quem sabe, entender que devemos aprender um novo "normal", porque aquele "normal" que existia não mais existirá. Foram muitas perdas e incalculáveis, porque se tratam de pessoas amadas para cada um de nós, são sequelas que permaneceram conosco, mas que podem nos ensinar a buscar harmonia com o meio ambiente, a solidariedade, o bem viver e o viver bem.

CAPÍTULO XI

A SUSTENTABILIDADE DO TERCEIRO SETOR

11.1 ENTÃO, O QUE É SUSTENTABILIDADE?

Bem, para começarmos a falar sobre a sustentabilidade do Terceiro Setor, temos primeiro que entender o que é a sustentabilidade, como surgiu esse termo e o debate sobre o tema, o porquê ele é importante, quais os tipos de sustentabilidade e assim por diante. Se não compreendermos esse significado, não entenderemos a sustentabilidade do Terceiro Setor.

Sustentabilidade é uma palavra que vem do latim *sustentare*, significando sustentar, favorecer, apoiar, defender, conservar e/ou cuidar. Essa terminologia passou a vigorar desde 1972, quando surgiu na Conferência das Nações Unidas sobre o Meio Ambiente Humano (Unche), em Estocolmo, na Suécia. Tendo sido a primeira conferência onde foi tratado sobre o meio ambiente realizada pela Organização das Nações Unidas (ONU), o que atraiu muito as atenções internacionais, sobretudo por se tratar de questões pertinentes ao meio ambiente, como gerador interminável enquanto houver controle de uma utilização adequada da natureza. Essa não adequação que levou a acontecimentos catastróficos, como as secas dos rios e lagos, o aparecimento constante de chuvas ácidas, as mudanças térmicas, os degelos e outros fenômenos, que já levaram a grandes reflexões sobre os agravos ocasionados ao meio ambiente, provocando os primeiros questionamentos e empenhos sobre uma nova consciência ecológica, isso já no princípio dos anos 70.

Essa conferência em que participavam 113 países e mais de 400 entidades governamentais e não governamentais teve como princípio a elaboração da Declaração sobre o Desenvolvimento e o meio Ambiente Humano ou apenas Declaração de Estocolmo, reconhecida largamente como um limite a ser quebrado em relação à melhoria do convívio entre o Meio Ambiente e o ser humano, procurando encontrar um equilíbrio para o desenvolvimento econômico e sustentável. Outra obra que resultou na conferência foi a elaboração do Programa das Nações Unidas para o Meio Ambiente, que deu prosseguimento aos esforços iniciados.

Logo no início da década de 80, a ONU restabeleceu novamente a discussão sobre as questões ambientais. A ONU direcionou para a chefia da Comissão Mundial sobre o Meio Ambiente e Desenvolvimento a primeira-ministra da Noruega, Gro Harlem Brundtland, para que ela estudasse o assunto, o que resultou em um documento conhecido como Relatório Brundtland (1991), constando alguns critérios que deveriam ser levantados por cada Estado nacional, como:

a. limitação do crescimento populacional;

b. garantia de alimentação em longo prazo;

c. preservação da biodiversidade e dos ecossistemas;

d. diminuição do consumo de energia e desenvolvimento de tecnologias.

Esse relatório conhecido como Nosso Futuro Comum (*Our Common Future*) ou ainda, Relatório Brundtland tinha como objetivo "propor o desenvolvimento sustentável, que é aquele que atende às necessidades do presente sem comprometer a possibilidade de as gerações futuras atenderem às suas necessidades", apresentado em 1987, além de propor à ONU uma convocação para uma nova conferência, a Eco-92, que aconteceu em 1992, no Rio de Janeiro. Foi também por meio desse relatório que se iniciou a propagação do conceito de desenvolvimento sustentável, nascendo sua concepção baseada no conceito do ecodesenvolvimento, que foi recomendado no decorrer da Primeira Conferência de Estocolmo, na Suécia, em 1972.

Em 1992, houve uma nova Conferência das Nações Unidas sobre o Meio Ambiente e o Desenvolvimento ou "ECO-92", realizada na cidade do Rio de Janeiro, na qual foi criado e assinado um documento por representantes de 179 países que foi chamado de Agenda 21. Esse documento é o resultado de um compromisso das nações para desenvolver suas economias sem prejudicar o meio ambiente, com mais de 2.500 recomendações práticas para executar tal esforço. Seu principal objetivo é criar soluções para os problemas socioambientais mundiais, baseando-se no seguinte pensamento: *"pensar globalmente, agir localmente".*

Dentro dessa lógica, cada país deveria elaborar, manter e atualizar sua própria Agenda 21 para garantir as bases da sustentabilidade em seus territórios. Ou seja, elaborar sua agenda conforme sua necessidade e no contexto em que está inserido, evitando, dessa maneira, que países menos desenvolvidos ficassem à mercê dos países desenvolvidos. Por exemplo, a Agenda 21 do Brasil é composta por 40 capítulos, divididos em quatro seções, com temas abordados, entre eles: dimensão social e econômica, pobreza, consumo, sustentabilidade, desenvolvimento sustentável, saúde, meio ambiente e a atmosfera.

Em final de agosto e início de setembro de 2002, houve o Fórum de discussão das Nações Unidas realizado em Johanesburgo, África do Sul, chamado de Rio+10 ou Cúpula Mundial sobre Desenvolvimento Sustentável (em inglês, *Earth Summit 2002*). Dez anos após a ECO-92, a ONU realizou essa nova Conferência que tinha como principal objetivo buscar "meios de cooperação entre as nações para lidar com problemas ambientais globais como poluição, mudança climática, destruição da camada de ozônio, uso e gestão dos recursos marinhos e de água doce, desmatamento, desertificação e degradação do solo e resíduos perigosos, entre outros".

A Declaração de Joanesburgo que foi produzida no decorrer da Rio+10 trouxe o reafirmamento de todas as nações participantes "o seu compromisso com as metas da Agenda 21 e no alcance do desenvolvimento sustentável". Contudo, surgiram críticas ao documento por não terem sido estabelecidas as metas e os prazos para o cumprimento dos compromissos assumidos, alguns inclusive de extrema importância para os países em desenvolvimento, que foi "o plano de criar um fundo de solidariedade mundial para erradicar a pobreza e promover o desenvolvimento social e humano nos países em desenvolvimento, reduzir o número de pessoas com renda inferior a US$ 1 por dia e o número de pessoas sem acesso à água potável e segura alimentar".

Toda essa discussão é para chegarmos à terminologia da "sustentabilidade". Seu conceito: "é a capacidade de cumprir com as necessidades do presente sem comprometer as necessidades das gerações futura". Seu conceito, se percebermos, está deliberadamente envolvido no desenvolvimento sustentável, melhor dizendo, constituído por uma série de estratégias, ideias, ações e "atitudes ecologicamente corretas, economicamente viáveis, socialmente justas e culturalmente diversas".

Ecologicamente correto: pertinente com o aspecto ambiental do tripé da sustentabilidade. "Qualquer tipo de atividade que tenha como consequência impactos ambientais negativos devem ser evitados. Assim, o grupo social deve pensar de modo a evitar o desgaste dos recursos naturais".

Economicamente viável: relacionado ao aspecto econômico do tripé. A sustentabilidade prevê não apenas a preservação ambiental e bem-estar da sociedade, mas também o desenvolvimento econômico. Ou seja, para que isso ocorra, as empresas precisam continuar a gerar lucros. No entanto, a obtenção do resultado econômico positivo não deve estar alinhada com métodos e estratégias que devastem o meio ambiente.

Socialmente justo: referente ao âmbito social do tripé da sustentabilidade. "O importante é a maneira como o ser humano é tratado, seja pela sociedade ou por uma empresa. A prioridade é a valorização da qualidade de vida das pessoas, concomitante a manutenção dos outros dois aspectos: ambiental e econômico". https://www.significados.com.br/sustentabilidade/

É perceptível que o conceito de sustentabilidade atualmente está inserido nas mais diversas classes, como: da sociedade, política, das organizações públicas, privadas e sem fins lucrativos, devido à sua prática vir alinhada a diversos benefícios e vantagens que vêm a possibilitar uma qualidade de vida para as gerações futuras e o desenvolvimento sustentável.

11.2 POR QUE SUSTENTABILIDADE?

Se formos parar para pensar, esse tema deveria ser imprescindível em todos os períodos e séculos anteriores. Essa preocupação deveria ser uma constante, não só a preocupação, mas as atitudes dos governantes e da própria sociedade. Assim, não estaríamos passando por todas essas mudanças climáticas e desastres naturais que estão acontecendo nos mais diversos lugares do mundo, assim como no Brasil, como as secas severas acarretando a falta de água, energia, incêndios nas florestas, desmatamentos sem controle que causa mais gás carbônico na atmosfera, menos absorção de oxigênio, calor abundante em alguns locais e cheias devastadoras em outros. Ou seja, o caos que já era esperado e orientado pelos cientistas que alertam também para outras consequências que virão, se não começarmos a realmente nos atentar para tudo isso que relatamos anteriormente.

Não é apenas um alerta, é a constatação do que irá acontecer se não passarmos a usar de forma consciente e responsável os recursos naturais, de buscar novas alternativas para aprendermos a conviver com os outros, definir ações relacionadas à preservação e ao desenvolvimento sustentável do planeta que envolve diversas organizações governamentais e não governamentais e adotadas pela ONU, em 2016, sobre as quais assumiram os compromissos dos Objetivos de Desenvolvimento Sustentável (ODS), para que sejam alcançados até 2030. Vamos tentar resumi-los. Esses seriam:

> Acabar com a pobreza de todas as suas formas e lugares, com a fome e alcançar a segurança alimentar a todos; assegurar uma vida saudável e promover o bem-estar para todos e educação inclusiva; alcançar a igualdade de gênero e empoderamento das mulheres; assegurar a disponibilidade e gestão sustentável de água e preço acessível de energia a todos; promover o crescimento econômico sustentado e inclusivo, sociedades pacíficas e acesso à justiça para todos; construir infraestruturas resilientes, a industrialização inclusiva e sustentável e fomentar a inovação; reduzir a desigualdade dentro e entre os países; assegurar padrões de produção e de consumo sustentáveis; tomar medidas urgentes para o combate a mudança do clima; conservação e uso sustentável dos oceanos, dos mares e dos recursos marinhos; proteger, recuperar e promover o uso sustentável dos ecossistemas terrestres, gerindo de forma sustentável as florestas, combater a desertificação, deter e reverter a degradação da terra e deter a perda de biodiversidade; fortalecer os meios de implementação e revitalização das parcerias globais para o desenvolvimento sustentável.

Essas são justamente as metas a serem cumpridas até 2030. Se conseguirmos alcançar pelo menos uma grande parte desse compromisso, já veríamos uma mudança muito grande no comportamento das pessoas, das empresas, dos governos e do mundo. Assim, estaremos realmente nos preocupando e agindo em prol do planeta, pensando no futuro e buscando o bem-estar coletivo. O que está acontecendo ultimamente, com certeza, não é ficção científica, em determinados momentos até parece ser, porém o que estamos vivenciando nada mais é do que o uso irracional dos recursos naturais, algo concreto na vida de todos. O próprio conceito de sustentabilidade já está relacionado à preservação e à defesa de um desenvolvimento sustentável a longo prazo, percebendo a necessidade de um compromisso de todos, e esse é um dos grandes desafios da humanidade, preservar os recursos naturais do planeta para que possa manter sua qualidade de vida.

11.3 O TEMPO DE DECOMPOSIÇÃO DOS PRODUTOS

Para termos ideia de produtos, o tempo de decomposição deles e o quanto deveremos ter cuidado inclusive com a que colocamos e como colocamos o lixo de casa, observe o quadro a seguir.

Quadro 7 –Tempo de decomposição dos Produtos

MATERIAL	TEMPO DE DECOMPOSIÇÃO
Alumínio	De 80 a 1000 anos
Borracha	Tempo indeterminado
Casca de laranja ou banana	De 2 a 24 meses
Chicletes	5 anos
Couro	Até 50 anos
Embalagens plásticas	100 anos
Fraudas descartáveis	600 anos
Filtro de cigarro	Mais de 5 anos
Garrafas de plásticos	Mais de 400 anos
Madeira pintada	De 13 a 14 anos
Meia de lã	De 10 a 20 anos
Metal	Mais de 100 anos
Nylon	Mais de 20 anos
Palito de fósforo	6 meses
Panos	De 6 meses a 1 ano
Papel	De 3 a 6 meses
Papel plastificado	De 1 a 5 anos
Plástico	Mais de 400 anos
Saco plástico	De 30 a 40 anos
Vidro	De 4.000 a 1 milhão de anos

Fonte: elaborado pela autora com informações de Setorreciclagem.com.br

Assim, perceberemos a importância da sustentabilidade para a sociedade e que ela é essencial para a preservação do meio ambiente. Por meio de atitudes e ações sustentáveis, poderemos contribuir e muito para que as gerações futuras possam ter a possibilidade e o direito de viver em um mundo melhor. Um dado importantíssimo divulgado pela Organização Mundial da Saúde adverte "que cada dólar investido em saneamento, economiza-se em média 4,3 dólares em saúde".

Desse modo, a sustentabilidade vai muito além do meio ambiente, envolve diversas áreas e ações, como afirma o norte-americano John Elkington, sociólogo britânico, que em 1994 criou o conceito do Triple Bottom Line, ou seja, o conceito conhecido como o tripé da sustentabilidade ou, ainda, os 3 Ps da sustentabilidade (*people, planet, profit*), com tradução ao português, PPL (pessoas, planeta, lucro). Segundo o mesmo conceito, para uma organização ou negócio ser sustentável, precisa, necessariamente, ser financeiramente viável, socialmente justo e ambientalmente responsável. Elkington, do Conselho Mundial de Negócios para o Desenvolvimento Sustentável que representa várias empresas líderes do mundo, buscava uma designar uma expressão que compreendesse os múltiplos aspectos da sustentabilidade, em que as empresas entendessem que a sustentabilidade vai muito além de apenas medir resultados positivos ou negativos, mas, sim, de verem-se inseridas na sociedade e no meio ambiente, como partícipes ferrenhos da coletividade, ou seja, mudando a filosofia do passado que era somente estar atentas à venda e ao lucro.

11.4 O *TRIPLE BOTTOM LINE*

Segundo Elkington, o *Triple Bottom Line* (Tripé da Sustentabilidade) define bem a concepção da gestão que valoriza e respeita realmente a sustentabilidade como direcionamento para as empresas, agregando planeta, pessoas e lucro na gestão empresarial. É uma opção de gestão sustentável no que diz respeito aos negócios do século 21. O Tripé da Sustentabilidade envolve três fatores: ambiental, econômico e social ou *planet, profit, people*, os quais são caracterizados a seguir:

- **ambiental**: relacionado com missão da empresa e seu propósito em empregar medidas sustentáveis que possam ter impacto no meio ambiente;

- **econômico**: pertinente à lucratividade da empresa, não visando apenas o lucro, mas sua sustentabilidade econômica por meio da produção e distribuição de seus produtos ou serviços com uma competitividade justa em relação aos concorrentes;

- **social**: envolve todo capital humano de uma empresa, ou seja, todas as pessoas que direta ou indiretamente estão ligadas a ela, como é o caso dos colaboradores e seus stakeholders, sempre com o intuito de promover o bem-estar e a qualidade de vida dentro e fora dela.

Quadro 8 – Tripé da Sustentabilidade ou Triple Bottom Line

Ambiental (Planet)	<ul><li>Conservação dos recursos naturais</li><li>Destino correto de lixos</li><li>Redução de consumo de água</li><li>Redução de consumo de insumos energéticos</li><li>Redução de emissão de gases</li><li>Biodiversidade</li><li>Uso de energia limpa e renovável</li></ul>
Econômico (Profit)	<ul><li>Garantia de comodidade aos clientes</li><li>Padrões que respeitem o meio ambiente</li><li>Seja economicamente sustentável</li><li>Tenha uma competitividade justa em relação aos concorrentes do mercado.</li><li>Reduzir seus custos</li><li>Ter visibilidade através da ISO 50.00</li></ul>
Social (People)	<ul><li>Capital humano (colaboradores e stakeholders)</li><li>Promover o bem-estar</li><li>Qualidade de vida dentro e fora da empresa</li><li>Beneficiar desenvolvimento pessoal e coletivo dos envolvidos</li><li>Evitar o racionamento de água</li><li>Reduzir risco de racionamento de energia</li></ul>

Fonte: elaborado pela autora com informações de John Elkington

Existem as vantagens que são proporcionadas às empresas que optam pela gestão sustentável, em que ela se vê inserida na sociedade contribuindo e beneficiando-se ao mesmo tempo.

Quadro 9 – Vantagens do Triple Bottom Line

1. Reduzir o consumo de matérias primas e insumos como energia elétrica e água.
2. Retenção e atração de recursos humanos e engajamento dos funcionários.
3. Melhores condições de trabalho.
4. Aumento da produtividade.
5. Maior preocupação social e com a saúde dos funcionários.
6. Ganho de reputação.
7. Melhora no desempenho da responsabilidade social corporativa.
8. Melhoria da competitividade e posicionamento no mercado.
9. Melhora no desempenho da responsabilidade social corporativa.
10. Melhoria da competitividade e posicionamento no mercado.

Fonte: elaborado pela autora com informações do meuSucesso.com

A sustentabilidade envolve toda uma mudança de paradigma, conceitos passados e gestões ultrapassadas. Ela recai em um novo enfoque sobre a nossa visão, da empresa, do município, do Estado e do mundo, pois, enquanto não pensarmos globalmente, universalizando as relações humanas, sociais, econômicas, políticas, culturais, educacionais e ecológicas, não conseguiremos atingir o equilíbrio entre desenvolvimento econômico e político com a preservação ambiental. É uma mudança de dentro para fora e começa pelo indivíduo. Como um gestor vai empregar uma transformação gerencial em sua empresa, se ele mesmo não acredita no que está pretendendo fazer? Ou seja, como ele vai reduzir o impacto do lixo de sua empresa, se quando ele está na praia ou em um evento particular, ele joga lixo no chão? Não percebendo que também precisa preservar aquele ambiente, que a ação que ele fez na praia vai impactar negativamente toda a sociedade.

Dentro desse contexto, afirmo que toda mudança é difícil, mas, se não começarmos pela educação individual, não teremos como renovar nossos padrões de comportamento, seja na praia, em casa, na empresa, na política ou na sociedade. É realmente um grande desafio a ser superado pela classe empresarial e industrial, essa reavaliação de seu modo de produção, embalagem, distribuição, redução de custo, preços justos e competitivos, até o consumo.

Convencionado à sociedade, o que já é perceptível em muitas grandes empresas que acompanharam a evolução e saíram na *first position* (primeira posição) na largada rumo à sustentabilidade, adotando atitudes e estratégias ecológicas, a exequibilidade econômica e a justiça social, inclusive trazendo resultados bem sustentáveis em seus produtos e serviços, como: as placas de energia solar, carros movidos à energia elétrica, renovação energética para prédios, prédios e casas ecológicas, reciclagem, coleta seletiva, lâmpada de led, roupas, queijos, carnes, geladeiras, móveis para escritório e até tintas ecológicas. Essas atitudes empresariais vêm comprovar que podem sim continuar em seu ramo de negócio de forma sustentável, existindo os tipos de sustentabilidade, com os quais sua empresa pode se guiar e seguir tais critérios.

11.5 CRITÉRIOS DE SUSTENTABILIDADE

Quadro 10 – Tipos de sustentabilidade

Sustentabilidade ambiental e ecológica	• Uso consciente dos recursos naturais para que possamos utilizar esses recursos mais para frente. • Conservação do meio ambiente do planeta Terra, qualidade de vida e harmonia entre as pessoas e os ecossistemas. • Atentar para não poluição das águas. • Separar o lixo, evitar desastres ecológicos, como queimadas e desmatamentos, entre outras.
Sustentabilidade empresarial	• Educação ambiental dentro da empresa. • Conscientização de seus funcionários quanto a importância dos recursos naturais. • Construção de prédios ecologicamente corretos. • Despoluição de rios, valorizando nosso recurso mais importante: a água • A preocupação com o Social, colaboradores e a comunidade ao seu entorno. • Promover ações para o bem estar dos funcionários e suas famílias através do esporte, saúde, cultura e lazer.

Sustentabilidade Social	• Diminuição da desigualdade social
	• Garantia a todos, acesso aos serviços como saúde e educação
	• Incentivo aos programas de inclusão social
	• Investimento em saneamento básico
	• Estímulo aos projetos de qualificação profissional
	• Incentivo aos programas culturais gratuitos e de educação pública para pessoas com baixa renda
	• Ampliação do ensino público de qualidade.
Sustentabilidade econômica	• Garantir o desenvolvimento econômico
	• Utilização de fontes de energia limpa e renovável. Eólica e solar.
	• Fiscalização constante para evitar crimes ambientais
	• Preservação do meio ambiente e manutenção dos recursos naturais
	• Tratamento de resíduos orgânicos e materiais gerados no processo produtivo, priorizando a reciclagem do lixo.
	• Processos produtivos que usem de maneira racional a energia elétrica e a água.
	• O uso de meios de transportes de mercadorias mais econômicas e menos poluentes. O ferroviário e marítimo
	• Os governos: Incentivos fiscais para empresas que reciclam ou desenvolvem tecnologias que visem o desenvolvimento sustentável.
	Políticas de desenvolvimento de infraestrutura necessárias que não agridam o meio ambiente.
	• Fiscalização e punição às empresas que poluem ou gerem qualquer tipo de dano ambiental.
	• Fazer a coleta seletiva

Fonte: elaborado pela autora com informações de Terra[2]

Quando nos reportamos a qualquer um desses tipos de sustentabilidade, percebemos que cada um tem suas características e juntos eles formam o conceito geral da sustentabilidade. Se não tivermos essa noção do todo, jamais poderemos compreender sua importância e as necessidades de mudanças comportamentais que deveremos adotar para termos um futuro e as próximas gerações também. Logo:

---

[2] Ver: https://www.terra.com.br/planeta/sustentabilidade/.

- **sustentabilidade** ambiental e ecológica: está relacionada à preservação do meio ambiente em todo o planeta Terra, conservando a qualidade de vida e os ecossistemas em harmonia com as pessoas;

- **sustentabilidade empresarial:** envolve não somente as questões ambientais, mas também as condutas operacionais e econômicas da empresa. Dessa forma, é que ela conquista o respeito da sociedade e do mercado, possibilitando maior volume de negócios e, assim, aperfeiçoando o lado financeiro da empresa e conquistando uma imagem positiva diante de seus colaboradores, *stakeholders* e consumidores;

- **sustentabilidade social:** concernente às ações que visam melhorar a qualidade de vida das pessoas, promovendo o equilíbrio e o bem-estar da sociedade, de maneira que possa reduzir as desigualdades sociais e aumentar o acesso aos direitos e serviços mais básicos, como saúde e educação, criando programas de geração de emprego e renda, formação profissional do empregado, qualificação profissional, entre outros;

- **sustentabilidade econômica**: está diretamente relacionada à ética, incidindo principalmente na produção e distribuição das riquezas geradas de maneira justa e igualitária, como divisão da renda de forma equitativa, em que o dinheiro seja direcionado às mãos de poucas pessoas ricas, como hoje acontece, enquanto a maioria da população vive na miséria e sem condições de sobrevivência.

Ou seja, esse tipo de sustentabilidade incide em uma mudança de paradigma social, com adoção de práticas sociais sustentáveis, inclusive reconhecendo o limite de exploração dos ecossistemas por parte de toda sociedade.

Esses tipos de sustentabilidade dizem respeito a todos, não podemos transferir responsabilidades aos governos, empresas e indústrias. Nós, como cidadãos, temos um dos maiores desafios que é praticar e exigir sustentabilidade, seja em casa, no trabalho, quando vamos consumir algo, quando descartarmos o lixo, tomamos banho, vamos à praia sem deixar sujeira do que consumimos, ou seja, nas menores e maiores atitudes.

Mostramos anteriormente o quanto de tempo leva alguns resíduos para se decomporem na natureza. São dezenas e centenas de anos que passam de gerações a gerações permanecendo nos ambientes. Podemos adotar atitudes simples para minimizar essa agressão ao meio ambiente e a preservação dele. E de que forma? Por meio do processo seletivo e da reciclagem de todos os resíduos que, segundo a Política Nacional de Resíduos Sólidos (PNRS), "se apresentam nos estado sólido, semissólido, líquidos, havendo legislações específicas para cada segmento, que provoca na produção de resíduo: sólidos urbanos, industriais, hospitalares, construção civil e nucleares. Para facilitar seu entendimento do processo seletivo do lixo a ser reciclado, foram criadas cores que correspondem aos materiais descartados", como:

Quadro 11 – As cores que correspondem aos materiais descartados

Verde	Vidros
Azul	Papéis e papelão
Vermelho	Plásticos
Amarelo	Metais
Marrom	Resíduos orgânicos
Preto	Madeiras
Cinza	Materiais não reciclados
Branco	Lixo hospitalar
Laranja	Resíduos perigosos
Roxo	Resíduos radioativos

Fonte: elaborado pela autora com informações de Brasil Escola[3]

Como percebemos, existem diversos materiais que levam centenas de anos para se decompor. Portanto, precisamos adquirir conscientização sobre nosso consumo e o seu descarte. Como foi citado anteriormente, podemos começar a utilizar o processo seletivo do lixo a ser reciclado, levando em consideração o seu reaproveitamento e, assim, colaborar para a construção de uma sociedade mais sustentável, pois já estamos vivenciando as consequências de não nos preocuparmos com o futuro, em relação ao efeito estufa que tanto é divulgado por cientistas e pesquisadores do mundo e do Brasil.

---

[3] https://brasilescola.uol.com.br/

Essas consequências já estão acontecendo a anos, porém, muitos não querem ver ou aceitar, final de julho de 2021, ou seja, meio do ano, como consta na reportagem de Sonia Bridi ao Fantástico, do qual irei transcrever, "Um clima de filme de Natal nas serras do Sul, onde uma nevasca histórica alcançou 80 municípios. Os efeitos desse frio intenso vão persistir até o verão chegar: os alimentos devem ficar ainda mais caros, pressionando a inflação".

"Foi um mês de desastres ao redor do globo. No oeste do Canadá, por exemplo, depois de a temperatura chegar a 50 graus, a floresta começou a queimar sozinha. Parte da China viu o céu desabar. Em dois dias, caiu a chuva de um ano inteiro. Qual a causa de tantas alterações no clima? A resposta é curta: as mudanças climáticas provocadas pelo aquecimento global". O climatologista Erich Fischer, da Universidade de Zurich, na Suíça, é um dos autores do relatório do clima que será divulgado pelo painel de cientistas da ONU no dia 9 de agosto, afirmou: "O futuro está mesmo nas nossas mãos. Depende da quantidade adicional de carbono que vamos botar na atmosfera e, se continuar como agora, vai esquentar muito. Vamos encarar um clima que a terra não enfrenta há milhões de anos".

Isso tudo deve ser causa de preocupação e mudança de atitudes de todos nós. E o que é o aquecimento global? É o agravamento do efeito estufa. O que é o efeito estufa? É um fenômeno natural atmosférico que é responsável pela conservação da vida na Terra, sem a existência dele, a temperatura na Terra seria baixíssima, aproximadamente -18ºC, o que inviabilizaria a existência de seres vivos no planeta. E como podemos explicar esse fenômeno? Segundo o mundoeducacao.uol.com.br: "Existem, na atmosfera, diversos gases de efeito estufa capazes de absorver a radiação solar irradiada pela superfície terrestre, impedindo que todo o calor retorne ao espaço". Parte da energia emitida pelo Sol à Terra é refletida para o espaço, outra parte é absorvida pela superfície terrestre e pelos oceanos. "Uma parcela do calor irradiado de volta ao espaço é retida pelos gases de efeito estufa, presentes na atmosfera. Dessa forma, o equilíbrio energético é mantido, fazendo com que não haja grandes amplitudes térmicas e as temperaturas fiquem estáveis".

Para um entendimento melhor, afirmam ainda:

> Podemos comparar o efeito estufa ao que acontece em um carro parado sob a luz solar. Os raios solares passam pelos vidros e aquecem o interior do veículo. O calor, então, tende a sair pelo vidro, porém encontra dificuldades. Portanto, parte do calor fica retido no interior do carro, aquecendo-o. Os gases de efeito estufa, presentes na atmosfera, funcionam

como o vidro do carro, permitindo a entrada da radiação ultravioleta, mas dificultando que toda ela seja irradiada de volta ao espaço.

[...] a grande concentração desses gases na atmosfera dificulta ainda mais a dispersão do calor para o espaço, aumentando as temperaturas do planeta. O efeito estufa tem-se agravado em virtude da emissão cada vez maior de gases de efeito estufa à atmosfera.

Essa emissão é provocada por atividades antrópicas, como queima de combustíveis fósseis, gases emitidos por escapamentos de carros, tratamento de dejetos, uso de fertilizantes, atividades agropecuárias e diversos outros processos industriais.

Percebemos o quanto é importante a mudança de nossas atitudes. Não adianta que estejamos sempre esperando que os outros façam, tem que começar por nós, temos que dar o pontapé inicial, senão o jogo não começa. Mesmo entendendo que é essencial a adoção de políticas públicas relacionadas a esse tema e que sabemos serem bem poucas, cada um de nós tem que se conscientizar que sempre a transformação de algo que queremos começar por nós.

Logo, precisamos da percepção da importância da reciclagem, que traz em seu processo o reaproveitamento de resíduos para a produção de um novo produto, a criação de novos empregos e a geração de renda, especialmente para a população mais pobre, além da preservação do meio ambiente. Esse lixo que seria jogado no meio ambiente levando dezenas ou centenas de anos para sua decomposição será transformado em dinheiro, em consciência ecológica, em desperdício de matérias-primas e, principalmente, provocando um grande movimento da economia e abertura de postos de trabalho, uma vez que, no Brasil, existem um número considerável de cooperativas de catadores de alumínio e de papel.

Para termos ideia, falta ainda muita conscientização, seja do governo, das empresas privadas e da própria sociedade, quanto a esse assunto. Segundo o Instituto de Pesquisa Econômica Aplicada (Ipea), "apenas 13% dos resíduos sólidos urbanos vão para a reciclagem, sendo que 30% a 40% são considerados próprios para reaproveitamento e reciclagem". Entre os materiais mais reciclados no país, são destacados o papel, o vidro, os plásticos e o metal, sobretudo o alumínio que representa o maior percentual de reciclagem, aproximadamente 97,4% desse resíduo é reciclado, segundo dados da Associação Brasileira dos Fabricantes de Latas de Alumínio (Abralatas).

De acordo com um estudo de mapeamento das indústrias de reciclagem mecânica de plásticos, o Brasil tem 716 empresas em operação, sendo que a maioria das recicladoras (88,54%) encontra-se nas Regiões Sul e Sudeste do país, como: São Paulo, com 298 empresas, o que representa 39%, depois, a Região Sul, Rio Grande do Sul, Santa Catarina e Paraná, simultaneamente com 36%. Fora dessas regiões, existem no estado da Bahia 17 empresas, no centro-oeste, em Belo Horizonte e região, assim como no sudeste, no Rio de Janeiro e região, não tendo mais dados sobre outras regiões do nordeste e norte, infelizmente.

Conforme dados obtidos pela CNN (Rede de Notícias a Cabo ou Cable News Network), da Associação Brasileira de Empresas de Limpeza Pública e Resíduos Especiais (Abrelpe), "no Brasil perde-se cerca de R$ 14 bilhões por ano com a falta de reciclagem adequada do lixo. Foram cerca de 12 milhões de toneladas de resíduos sólidos que, ao invés de gerarem dinheiro e emprego, acabaram descartados no meio ambiente", onde, por ano, são gerados quase 80 milhões de toneladas de lixo, porém apenas 4% são reciclados.

Ainda tem muito para chegarmos a fazer o necessário; contudo, como disse São Francisco de Assis: "Comece fazendo o que é necessário, depois o que é possível e de repente você estará fazendo o impossível". É nisso que devemos crer e ter atitudes quanto a grande maioria dos materiais que meramente jogamos no lixo, sem refletir que poderia ser diferente se adotássemos o processo seletivo do lixo a ser reciclado. Dessa forma, estaríamos contribuindo e muito para a preservação e a melhoria do nosso planeta. Entendo o quanto é necessário o nosso envolvimento com essa causa, que é minha, é sua, é de todos, para termos uma sociedade sustentável e a colaboração para a redução dos gases de efeito estufa que estão causando tantas consequências desastrosas à sociedade mundial.

E por que transferimos essa responsabilidade a nós individualmente? Porque creio que toda transformação global perpassa pelas nossas atitudes individuais, ou seja, não podemos esperar resultado de um todo se não começamos pelo pouco. Temos consciência de que, nesse sentido, o envolvimento e participação seriam de todos, principalmente, pelas atitudes do governo com políticas públicas de reciclagem e compostagem do lixo, o que ainda é ínfimo em se tratando do Brasil; das empresas especialmente, das indústrias têxteis, alimentícia, petroquímica e outras que acabam por materiais que contaminam mares, rios, lagos, solo e ar, devastam florestas e extinguem diferentes espécies de animais. E olhem que, com certeza, são empresas e indústrias das quais consumimos seus produtos sem ao menos imaginar que eles é que estão contribuindo e muito para o agravamento do efeito estufa, com a elevação das temperaturas do planeta, das secas, das enchentes, furacões e outros desastres ambientais.

Certamente, esperar que toda essa transformação aconteça de uma hora para outra é um engodo, mesmo porque o repensar desse novo padrão sustentável não está em nosso cotidiano, terá que ser gradativamente um novo pensar e agir em nossas atitudes, um aprendizado que nos permita um olhar holístico em função de mantermos as nossas próprias gerações, como filhos, netos e bisnetos, e a de todos, para que eles possam vivenciar um mundo harmonioso, que possam conhecer os mais variados tipos e espécies de animais que a nossa geração ainda aprecia e convive com elas. Muitas dessas espécies encontram-se em extinção, não permitindo a eles essa convivência que nos é saudável, ou seja, com as nossas atitudes sustentáveis, poderemos proporcionar um futuro bem melhor para a humanidade. Tudo começa por nós, reafirmo isso, porque é por meio do desenvolvimento humano sustentável que poderemos alcançar a sustentabilidade.

Gaussin *et al.* (2013) defendem que "com a sustentabilidade e o desenvolvimento sustentável, objetiva-se legar às gerações futuras uma reserva de capital no mínimo análoga à que a geração atual recebeu como legado das gerações anteriores".

11.6 SUSTENTABILIDADE DO TERCEIRO SETOR

Ao mergulharmos nesse tema sobre a sustentabilidade no Terceiro Setor, teremos que necessariamente entender a sua característica e funcionalidade, pois esse setor, diferentemente dos outros, não tem em sua essência recursos fixos, como é o caso do Primeiro e do Segundo Setores, para desenvolver estrategicamente seus objetivos constitucionais. O Terceiro Setor são organizações com grande diversidade, tanto na forma de atuação, tamanho organizacional, como em seu objetivo institucional, que busca em seu contexto, desenvolver o resgate da cidadania, articulando ações sociais, tendo como característica arregimentar os mais diversos tipos de recursos, que incluem as práticas de trabalhos voluntários, doações e parcerias intersetoriais, não tem como objetivo o lucro e os bens e os serviços oferecidos são de caráter público.

O Terceiro Setor, ao contrário dos outros setores, busca sua sustentabilidade baseada no social, voltada para o ser humano, contribuindo para que eles alcancem seus direitos mais básicos, como saúde, trabalho, educação, moradia, alimento, cultura, lazer e segurança, visto que, quando se pensa o ser humano como um todo nas suas necessidades, é essencialmente pensar em sua sustentabilidade para que possam agir e encontrar o caminho que os levem a garantir melhores condições às suas gerações futuras. Essas ações precisam ser de formas integradas, ou seja, uma comunhão de interesses entre o governo por meio de políticas públicas sérias e a sociedade civil, buscando o amadurecimento de ações concretas que indiquem um modelo de sustentabilidade socioambiental.

A sustentabilidade do Terceiro Setor é construída por meio de diversas estratégias, como credibilidade institucional, atividades desenvolvidas, público-alvo a ser atendido, resultados positivos obtidos, formas de captar recursos, busca de parcerias, pessoas comprometidas com a missão da instituição, projetos que venham ao encontro das necessidades da coletividade, entre outras. Se formos tentar comparar a busca de sustentabilidade entre os três setores, vamos perceber uma enorme incongruência, pois o Primeiro Setor — governo — tem sua receita certa em todos os meses sem se preocupar, visto que se mantém por meio dos impostos federais, estaduais e municipais que pagamos, o que corresponde a cinco meses do ano do total que receberíamos. Para ser mais exata, trabalhamos 153 dias do ano exclusivamente para pagarmos impostos ao governo, segundo dados do Instituto Brasileiro de Planejamento e Tributação (IBPT).

Sendo que não há retorno à sociedade desse recurso que compulsoriamente pagamos e que seria para termos suprido nossas estruturas básicas de sobrevivência, como: educação, saúde, moradia, emprego, transporte, segurança, lazer, esporte e cultura entre outros. Porém isso está longe de acontecer e, quando é oferecido, em sua maioria é de péssima qualidade, como se fosse uma obrigação ou um favor àquele cidadão. Ele, se quiser algo um pouco melhor, tem que pagar novamente com o restante dos sete meses de trabalho e recursos que lhe restou e do qual já tinha pagado ao governo antecipadamente. Até seria cômico se não fosse trágico essa nossa realidade, já que o mesmo instituto nos demonstrou que "quase 42% de todo o rendimento médio dos brasileiros é destinado ao pagamento de impostos". Isso deve-se exclusivamente à exacerbada corrupção dos políticos que têm altos custos para os brasileiros. Logo, o Primeiro Setor tem sua sustentabilidade garantida e sem a corrupção seria muito melhor. O Segundo Setor — empresas privadas — tem sua sustentabilidade na credibilidade de sua marca, decisões e nas vendas de seus produtos e serviços oferecidos à sociedade.

E o Terceiro Setor? Ele existe pela ineficiência do Estado em não cumprir com suas obrigações e deveres perante a sociedade. Ele existe para que, junto à sociedade, possa exigir que os recursos pagos de impostos e que não são poucos possam retornar à sociedade, que lhe é devido, seja por meio dos projetos sociais, educacionais, de saúde, alimentar, ambientais, esportivos e outros, os quais são apresentados aos governos com o intuito de atender com melhor qualidade a coletividade e, dessa maneira, procura fazer com que esses recursos cheguem até sua finalidade.

É uma tarefa bem difícil para conseguir investimento público em projetos sociais para o Terceiro Setor, uma vez que a maioria dos governantes insiste em ver esse setor como concorrente e não como parceiro, persistem na desinformação a seu respeito e dificultam com a burocratização e a sinergia que deveriam existir entre os setores para um melhor atendimento a sociedade.

A falta de informação sobre o terceiro setor leva muitos governantes a não desenvolver políticas públicas com maior eficiência, como realizar parcerias que viessem a alcançar o desenvolvimento social e sustentável as classes mais necessitadas, nas quais o Terceiro Setor está presente, mais próximo, e tem o *know how* para tanto. Não buscam entender que, assim como existem governos e governos, empresas e empresas privadas, existem também ONGs e ONGs e parlamentares e parlamentares, inclusive ressaltando que muitos deles podemos dizer que não são parlamentares, e sim *pralamentares*.

Segundo Armani:

> É muito importante assinalar que sem uma substancial política pública de apoio às ONGs elas não virão a ser sustentáveis como setor social, e aquelas que porventura vierem a sê-lo, o serão na medida em que se "con-formarem" aos parâmetros privados (corporativos e não-governamentais) de apoio. Numa situação destas, muito do caráter público da ação das ONGs terá se perdido.

Como percebemos anteriormente, o Primeiro Setor tem sua forma até despreocupada de receitas, o Segundo Setor tem a venda de seus produtos e serviços, porém o Terceiro Setor em sua maioria não tem como obter receitas próprias, a não ser por meio de diversas formas de captação de recursos, como: doações, parcerias, apoios, patrocínios, eventos e subvenções, entre outros. Logo, sua sustentabilidade passa a ser de extrema importância na otimização dos recursos captados, além da ética e credibilidade no compromisso de sua missão.

Conforme Maiso Dias, diretor de sustentabilidade da Associação Brasileira de Recursos Humanos (ABRH-CE), conselheiro do Conselho Temático de Responsabilidade Social da Federação das Indústrias do Estado do Ceará (CORES – FIEC),

> [...] as organizações do Terceiro Setor estimulam práticas sociais empreendedoras e humanitárias, capazes de gerar mais qualidade de vida para as pessoas que vivem em exclusão social e com limitação de recursos, e dessa maneira surgem os empreendedores sociais para promover mudanças e provocar impactos sociais seja na ecologia e meio ambiente, voluntariado, educação e bem-estar, combate à fome e a pobreza e direitos humanos voltados para a comunidade e desenvolvimento local, tornando necessária as entidades do Terceiro Setor o contínuo aperfeiçoamento de suas estratégias de gestão e análise dos desempenhos.

Suas colocações condizem com o posicionamento do Terceiro Setor. Ele abarca todas essas áreas de atendimento, ressaltando no atendimento diferencial dele. Sendo, assim, de extrema relevância a busca de sua sustentabilidade, até mesmo pelo fato de que essas organizações não estarem apenas envolvidas com o valor humano, mas também com a missão, valores e ideais que vêm a legitimar seu verdadeiro compromisso com os mais diversos segmentos da sociedade. Refiro-me aos ideais, pelo fato de que a grande maioria das organizações do Terceiro Setor surgirem por meio de ideologias pessoais ou, melhor, por meio de pessoas que ainda acreditam em uma transformação social, pois, quando há interesse e verdade, há também comprometimento. Dessa forma, busca-se implementar ações sustentáveis e concretas não apenas no combate à pobreza e à exclusão social e no direito à educação, à saúde, ao esporte e à cultura, mas se transformando em agentes de transformação social, uma vez que o governo jamais poderá ser considerado como único provedor social. Conforme Cardoso (2004), "a consciência da necessidade de abolir do mundo a fome, a falta de acesso à educação, à saúde e à garantia dos direitos humanos básicos é hoje, generalizada".

Esse setor apresenta uma grande importância para o desenvolvimento social e ambiental do país, seja por seu dinamismo ou alcance de resultados reais, os quais possibilitam ações nas mais diversas áreas.

Nada mais é do que políticas públicas que deveriam ser executadas pelos governos, sem necessariamente vir a ocupar o espaço dele, porém, vem colaborando e muito para minimizar as dificuldades de exclusão social, que, infelizmente, o governo não tem condições nenhuma de resolver sozinho, deixando a coletividade à mercê desse processo excluidor.

Segundo Ribas Junior (2002),

> [...] o terceiro setor poderá impulsionar o desenvolvimento social na medida em que puder oferecer alternativas às formas tradicionais de exercício do poder na condução das políticas públicas e promover a participação efetiva da cidadania na condução dos assuntos de interesse coletivo.

O Terceiro Setor já tem em sua característica a busca da realização de parcerias intersetoriais, ou seja, efetivar parcerias com os outros setores, sejam eles na esfera pública ou privada para que juntas possam desenvolver melhorias e alternativas eficazes que venham a minimizar os problemas da exclusão social, uma vez que essa demanda é cada vez mais crescente, sendo imprescindível ter um olhar mais atento, uma estratégia mais coerente de atendimento e, principalmente, maior investimento para os mais necessitados que são cidadãos iguais a todos e que precisam que seus direitos sejam respeitados. A questão da sustentabilidade do Terceiro Setor reverbera em todo esse processo evolutivo e de suporte a essa parte da sociedade desacolhida, na qual esse setor social traz a evidência de suas práticas de bem-fazer, lá na ponta, onde estão os que mais precisam. Como cita Félix (2009), "a evolução do conceito de sustentabilidade passa pela compreensão de um processo histórico que começou na filantropia e evoluiu para uma permanente batalha contra todas as misérias humanas".

Segundo Ribas Junior (2002),

> [...] o terceiro setor poderá impulsionar o desenvolvimento social na medida em que puder oferecer alternativas às formas tradicionais de exercício do poder na condução das políticas públicas e promover a participação efetiva da cidadania na condução dos assuntos de interesse coletivo.

Concluímos que existem, sim, perspectivas positivas de transformações no contexto social, uma vez que os governos, iniciativas privadas e sociedade em geral consigam enxergar e reconhecer a importância do Terceiro Setor para o desenvolvimento social do país, como parceiro que venha a complementar as ações implementadas pelo governo e juntos possam articular fortemente soluções para minimizar os problemas demandados pela sociedade.

Porém, quando se trata da sustentabilidade das organizações do Terceiro Setor, percebemos que estamos nos referindo principalmente à sustentabilidade econômica, que diz respeito à capacidade dessas organizações conseguirem arrecadar recursos suficientes que possam cobrir suas despesas com pagamento fixos e variáveis, assim como suas obrigações.

Ressaltando que não se trata de um cenário de tranquilidade financeira, o que seria o ápice para qualquer organização social, ou seja, não ter a preocupação encarar diariamente a árdua empreitada na busca de recursos financeiros que possam garantir a cobertura de suas despesas, sejam elas doações privadas físicas ou jurídicas, governamentais ou não governamentais, o importante é estarem quites com suas obrigações e manterem sua missão. Quando nos reportamos à captação de recursos diversos é porque é muito perigoso e difícil para a gestão de uma organização social depender de uma forma de manter-se, ou seja, confiando apenas em uma fonte de recursos, pois, se em algum momento esse doador não puder cumprir com esse acordo, a organização não terá como cumprir suas obrigações e deveres e, consequentemente, não terá forças para sair e conseguir de imediato alguém que possa substituir aquele doador. Por isso, é de extrema importância a entidade buscar sua sustentabilidade por meio de várias formas de captação de recursos, assim não se sentirão engessadas em sua gestão.

Uma das grandes preocupações da sustentabilidade do Terceiro Setor não é apenas traçar suas estratégias de captação de recursos para manter-se, elas vão além disso. Sabemos que ainda existem inúmeras instituições do Terceiro Setor que são administradas por seus gestores, de maneira empírica, ou seja, baseados apenas nos anos de experiência que ali depositaram, inclusive porque, por muitos anos, deram certo. Isso acontece devido ao grande número de pequenas organizações que não acompanharam ou não tiveram oportunidade de acompanhar as modificações estatutárias, legais, estratégicas, administrativas e outras ocorridas ao longo do tempo. Isso quer dizer que elas acabaram? Não. Algumas ainda sobrevivem baseadas no empirismo, outras que tiveram alguma oportunidade buscaram informações, especializações e inovações à sua gestão e conseguiram manter-se.

O que é perceptível nesse momento é que muitas organizações fecharam suas portas e com certeza não foi somente pela gestão empírica, mas porque, desde 2016 e agora mais ainda, houve cortes financeiros públicos para as organizações do Terceiro Setor, assim como redução evidente de políticas públicas que beneficiavam aos mais necessitados, o que levou um número grande de organizações a fecharem suas portas e a deixarem diversas pessoas sem um apoio maior. Essas organizações que conseguiram manter-se, por meio da implantação de equipes especializadas na busca de incentivos e parcerias governamentais, doações e captações de recursos variados, conseguiram conquistar sua sustentabilidade.

Conforme Albuquerque (*apud* Félix, 2009), "a mobilização de recursos não é apenas assegurar recursos novos ou adicionais, mas também otimizar os recursos já existentes, aumentando a eficácia e a eficiência dos planos, além de conquistar novas parcerias e obter fontes alternativas de recursos financeiros". Contudo, são um número pequeno em relação as 781 organizações existentes no Brasil, segundo pesquisa Fasil e o Mapa das OSCs do Ipea. Para tanto, essas que foram perspicazes e inovadoras adotaram com certeza uma visão mais sistêmica de sua instituição, transformaram sua gestão, implantaram modelos mais eficazes, capacitaram seus colaboradores, ou seja, tiveram a oportunidade de se prepararem a buscar a sua autossustentabilidade, mesmo ainda sendo uma pequena minoria, mas provaram sua habilidade na gestão social. Isso conta e muito no Terceiro Setor.

Além de toda essa estratégia adotada nas organizações do Terceiro Setor para manter-se sustentável, elas precisam desdobrar-se, desprendendo bastante dinamismo e força na caça à captação de recursos. Conforme Montãno (2002) nos afirma:

> [...] o risco de a atividade de captação de recurso tornar-se uma atividade-fim e não uma atividade-meio das organizações do Terceiro Setor.
>
> Esse dilema se estabelece a partir do momento em que o Terceiro Setor sai de uma posição passiva de espera pela ajuda pública e privada e vai à busca de recursos. Fica claro que se a entidade dispusesse de fontes próprias de recursos e de repasses do poder público de forma regular, isso poderia assegurar uma visão de futuro, pelo menos de médio prazo e muitos esforços que hoje são carreados para uma atividade meio (captar recursos), seriam deslocadas para a atividade fim (fazer gestão social).

Concordo plenamente com ele, uma vez que o Terceiro Setor, além de traçar suas estratégias administrativas de gestão que seriam sua prioridade, assim como é a das empresas privadas e do próprio governo, tem ainda o grande dilema à sua frente, que é justamente um dos seus grandes desafios, a captação de recursos, e que está cada vez mais difícil diante dessa crise econômica e financeira que o país está passando. Nem o Primeiro e nem o Segundo Setor têm esse desafio a ser enfrentado, porém o Terceiro Setor o tem, para que possa dar continuidade aos seus objetivos organizacionais de responsabilidade no combate à pobreza e às desigualdades sociais.

São imensos os desafios a serem alcançados pelas organizações do Terceiro Setor relacionados à sua sustentabilidade, mesmo sendo um setor que carrega consigo a bandeira branca da paz, trazendo todo um histórico do movimento social no combate à pobreza e às desigualdades sociais. Foi ele que lutou para tornar-se um elemento agregador e mediador, trazendo consigo uma proposta de mudança social, na qual todos fossem corresponsáveis pela melhoria da sociedade, que articulasse e desenvolvesse propostas de desenvolvimento humano e uma sociedade mais justa.

Para Santos (2005, p. 146), "esse é o papel de educar a sociedade, tentando torná-la parceira e corresponsável pelos projetos sociais empreendidos, os quais, em última instância, contribuem para a transformação social mais ampla almejada por todos". Logo, se pensarmos mais objetivamente, a missão das organizações do Terceiro Setor acaba se confundindo no tocante aos ideais do princípio da sustentabilidade, na medida em que ambos convergem no atendimento aos interesses coletivos, o benefício e a proteção da vida humana e os desafios enfrentados para a promoção do desenvolvimento humano sustentável. Não estou afirmando que conceitualmente são totalmente idênticos, porém nesses contextos sim.

Se analisarmos realmente, o foco é o mesmo, uma vez que a missão do Terceiro Setor visa à preservação da vida humana em toda sua essência e da sustentabilidade, é a preservação ambiental como forma imperativa de salvaguardar a vida no mundo todo. Percebemos que o Terceiro Setor torna-se essencial, no que tange à busca de sua sustentabilidade, não especificamente nas estratégias das diversas formas de captação de recursos a serem adotadas, para, especificamente, conseguir gerar mais receitas e assim cobrir suas despesas, garantindo, dessa forma, a sua operacionalidade. Isso para que não estejam sempre dependendo apenas de subsídios governamentais e quando dependem.

E por que falamos em diversos desafios? É porque essa é a realidade do Terceiro Setor. Desafios e mais desafios que envolvem vários fatores, dentre os quais poderíamos citar: a busca incessante por doações diretas de pessoas físicas e jurídicas, a importância da profissionalização de seus colaboradores, a prestação de contas àqueles que contribuem com ela, o envolvimento e o comprometimento maior de seus associados, parceiros, colaboradores e a própria comunidade beneficiada. É só isso? Claro que não. A procura constante de novos contribuintes, parceiros ou patrocinadores implica em um trabalho laborioso e necessário na agenda de suas estratégias de gestão.

Vemos muitas pessoas dizerem ou apontarem os segredos e fórmulas de captação de recursos para a sustentabilidade dessas organizações, porém dizer é uma coisa, executar é outra. Não estou dizendo com isso que não existam essas estratégias e que dão certo, estou simplesmente afirmando que todas essas fórmulas não são como uma receita de bolo, que a temos nas mãos e se a seguirmos direitinho o resultado será alcançado. E por que não? Pelo fato de não podermos generalizar essas organizações, temos que levar em conta a forma como são geridas, a região e o lugar em que elas se encontram, o foco de atendimento, a probabilidade de haver ou não pessoas capacitadas, o tamanho dessas organizações e o seu papel naquela comunidade. Se formos pensar somente na mudança de visão e ações entre as regiões no nosso país, já encontramos uma grande diferença, o que é possível no sul e sudeste não é possível no norte e nordeste, em relação a tudo.

Como diz Melo Neto e Froes (2002, p. 32),

> Nesse novo contexto, surge um novo paradigma, ou seja, uma maneira diferente de pensar a comunidade e o seu desenvolvimento social, econômico, político, cultural, ético e ambiental. O empreendedorismo social é, portanto, uma nova forma de pensar a comunidade.

Cada realidade é única e não podemos querer generalizar, principalmente essas organizações do Terceiro Setor, as que se encontram no sul e sudeste do país, com possibilidade e oportunidades X, e as que estão no nordeste e norte desse mesmo país, mas com possibilidades e oportunidades Y, especialmente as que se encontram nas áreas mais longínquas e de difícil acesso, porém estão lá, algumas inclusive sem saber o que é esse Terceiro Setor, mas que estão desenvolvendo ações sociais e ambientais que beneficiam e muito as comunidades menos privilegiadas, oportunizando transformações concretas de sobrevivência e aprendizado raiz, ou seja, dentro de sua realidade. Se formos falar sobre estratégias de captação de recursos, projetos bem elaborados, emendas parlamentares e outros temas tão discutidos e implementados em outras organizações e regiões, estaremos falando grego com eles. Contudo, como disse anteriormente, estão fazendo a parte deles muito bem. E pergunto, eles precisam de capacitação? Precisam de bons projetos? Precisam de informações sobre o que são e como podem melhorar? Precisam aprender a gerir melhor e potencializar suas ações e atendimentos? É claro que sim. Mas como?

Essa é uma resposta que infelizmente não saberei responder, porque envolve interesses, comprometimentos e visão do governo sobre o desenvolvimento humano sustentável, o qual não está na plataforma de gestão de nenhum governo que eu conheça ou que esteja realmente empenhado em elaborar e desenvolver políticas públicas nesse quesito ou, melhor, com foco na autossustentabilidade dessas organizações e comunidades. Como afirma Merege (2008),

> A maioria das organizações do Terceiro Setor nasceu tendo como referência projetos bastante específicos. Por exemplo, projetos que constituem a materialização de um sonho de seus idealizadores, que passam a dedicar todas as suas energias a uma determinada causa.
>
> São verdadeiros empreendedores, que, ainda segundo o autor, indignados com a situação social no país, resolveram dedicar o seu trabalho à transformação de pessoas e proporcionar melhoria nas condições de vida da população menos privilegiada".

Sobre essa materialização de sonhos, que são realmente o diferencial da criação de algumas organizações do Terceiro Setor, é que não devemos generalizar como elas devem agir, mesmo sabendo que precisam de alguma maneira abandonar o amadorismo, precisam utilizar novos instrumentos que possam viabilizar seu desenvolvimento e, assim, consigam reestruturar-se para adquirirem novas competências, que levem a ganhar mais eficiência no desenvolvimento de seus projetos com melhor e maior competência. Mas sabem a história da faca de dois gumes, ou seja, a faca que corta para os dois lados pode ser prática, mas pode também nos confundir e nos cortar.

E o que dizer com isso? É que sabemos que com tudo o que foi anteriormente citado sobre capacitação do Terceiro Setor, novas estratégias de sustentabilidade e captação de recursos elas terão muito mais oportunidades de manter-se sustentáveis. Esse é o outro lado da faca. E como utilizaremos ela sem causar danos? Se o que pode ser feito não há grandes interesses. Mesmo com esse antagonismo, devemos continuar trazendo informações e conhecimentos para que sejam estendidos e que de alguma forma possam chegar às longínquas e remotas áreas e regiões deste imenso país, tendo a certeza de que não podemos querer ou exigir que o Terceiro Setor adote e assimile todas as práticas empresariais, mesmo porque essa é uma característica do Segundo Setor.

O Terceiro Setor tem suas características próprias, as quais realmente devem ser aperfeiçoadas respeitando suas missões, estatutos e sonhos, reconhecendo que elas desenvolvem atitudes, ações e competências que nem mesmo os governos os fazem. Sobre elas, vêm emergindo novas responsabilidades e demandas e que precisam, sim, de um olhar mais respeitoso, solidário, comprometido, visionário e parceiro, pois elas continuam a exercer papel fundamental na preservação: dos ecossistemas, na sustentabilidade humana, na luta pela justiça e Direitos Humanos, na saúde, moradia, educação, cultura, esporte, lazer e tudo que possa construir uma sociedade mais justa e sustentável. Essa é a busca da sustentabilidade do Terceiro Setor.

CAPÍTULO XII

FORMAS DE CAPTAÇÃO DE RECURSOS

Iniciamos perguntando: o que é captação de recursos? De maneira bem objetiva, responderemos que a captação de recursos é a maneira pela qual as organizações do Terceiro Setor buscam arrecadar recursos para investir e manter as suas atividades ou projetos em sua organização. Entendendo que a grande maioria dessas organizações não gera absolutamente nenhum produto ou serviço que possa ser vendido, logo, não arrecada recursos próprios.

Percebemos, assim, que ela existe, tem uma missão mesmo ideológica, atende as necessidades das pessoas mais desprovidas, transformando suas vidas e da sua comunidade, desenvolve um trabalho voluntário, gera emprego e renda, cria comunidades solidárias e eleva a autoestima delas. E sabem por quê? Porque elas estão próximas, estão inseridos naquele contexto com aquelas situações que se apresentam e isso facilita e muito um resultado positivo daquele trabalho desenvolvido e, muitas vezes, em curtíssimo prazo, pois, quando há o envolvimento de todos no alcance do mesmo objetivo, a tendência é que ele tenha sucesso. É justamente isso que ocorre com muitas instituições do Terceiro Setor que se encontram nos bairros mais distantes, na periferia, nos pequenos municípios e que continuam funcionando mesmo capengas, sem nem saber que quando pedem colaboração ou ajuda na taberna, no buteco, no armazém próximo, com os vizinhos ou entre as famílias atendidas, para ajudarem na limpeza, na cozinha, na horta, no jardim eles estão captando recursos. Esse é o aprendizado mais puro e mais autêntico da captação de recursos.

Lógico que hoje, quando falamos sobre captação de recursos, temos que nos transportar para algo mais profissional, mais literário, tecnológico e assim por diante. Isso é fato, todo processo tem que ser aperfeiçoado, nem que seja para algumas organizações que têm a oportunidade de se capacitar, ter um projeto elaborado para facilitar a busca por recursos, saber exatamente sua missão, o alcance de suas metas e de seus objetivos. Quando falamos em recursos, não estamos de maneira nenhuma nos reportando apenas ao financeiro, mas também aos recursos tecnológicos e humanos (principalmente o voluntário) que somam muito no desenvolvimento do trabalho no Terceiro Setor. Digo, ainda, que acaba sendo a mola-mestra quando ele o faz com comprometimento, amor à causa e dedicação ao próximo. Mesmo porque ele pode ser um captador de recursos financeiros, mas o financeiro não pode ser captador do humano.

As pessoas voluntárias são importantes? Lógico que sim. Porém uma organização não pode viver apenas com voluntários, mesmo porque existem voluntários e voluntários, ou seja, aqueles que têm realmente comprometimento, que desenvolvem seu trabalho, cumprem sua escala e seus afazeres, porém tem aqueles que ser voluntário é ir quando pode ou quando quer, não gostam de ter responsabilidade com tarefas definidas e, quando são contrariados, simplesmente, desaparecem.

Assim, é determinante para o melhor funcionamento da instituição ter funcionário e técnicos contratados dentro de suas áreas, pois ela precisa de recursos tecnológicos para poder modernizar sua gestão, divulgar suas atividades, projetos e seus resultado em seu site e mídias digitais, captar recursos, criar banco de dados e software de gestão, ou seja, tornar a organização mais conectada, transparente, demonstrando profissionalismo e adquirindo credibilidade.

Segundo Tenório *et al.* (2008, p. 142):

> A principal motivação para a captação e mobilização de recursos é garantir a viabilidade de um projeto e, ao longo prazo, de uma comunidade organizada, mantendo-os estáveis e produtivos. Essa atividade integra as ações necessárias para construir e garantir a sustentabilidade do projeto. Pode se afirmar que, atualmente, a maioria das organizações sem fins lucrativos é vulnerável, bem como boa parte das iniciativas comunitárias possui poucos recursos e, em geral, uma única fonte de apoio. A captação e a Mobilização, quando planejadas, contribuem para que a comunidade diversifique a origem dos seus recursos e diminua o grau de vulnerabilidade ao qual está exposta como, por exemplo, a mudança de prioridades ou políticas de financiadores locais, nacionais ou internacionais.

Quando essa organização consegue entender a necessidade de mudanças em sua gestão, envolvendo não apenas o recurso financeiro, mas também o tecnológico e o humano em sua plenitude, ela consegue diversificar sua captação e não ficar dependente de um doador ou patrocinador. No caso de sua falta, não tem outra maneira dessa instituição manter-se, assim, ela torna-se muito vulnerável e sem nenhuma garantia de sua sustentabilidade, o que concordo plenamente com Tenório.

Precisamos ainda levar em consideração que neste momento estamos passando por uma das maiores crises econômicas, políticas e sociais, não apenas no Brasil, mas no mundo inteiro, devido em grande parte à pandemia de covid-19, causada pelo novo coronavírus, que teve um impacto devastador, comparado inclusive à Grande Depressão, que aconteceu no século XX, chegando a arrebentar com a Bolsa de Valores naquele período, sendo apontada como uma das mais graves recessões econômicas vivenciadas.

Esse mesmo efeito agora causado pela pandemia atingiu em cheio a economia mundial e, lógico, com o Brasil não seria diferente. Esse reflexo econômico será sentido ainda por muitos anos até que ela possa se recuperar. Segundo relatório do Banco Mundial, "Emprego em Crise: Trajetória para Melhores Empregos na América Latina Pós-covid-19",

> [...] os efeitos da pandemia da covid-19 podem afetar, por até nove anos, os salários dos trabalhadores médios do país, o que evidencia a importância de renovar os instrumentos de proteção social a fim de proteger a renda contra os choques canalizados por meio do mercado de trabalho, no Brasil e no mundo.

Esse mesmo relatório afirma "que o seguro-desemprego acaba tendo um papel limitado na proteção social aos trabalhadores, pois aqueles que são mais afetados pelas crises econômicas, são os trabalhadores informais e autônomos formais, que são inelegíveis para receber o benefício".

O que causou isso? Com o negacionismo do vírus e o não respeito à ciência que levou ao agravamento da doença e a mais de 720 mil mortes no Brasil, atingindo a todos de uma maneira avassaladora, tendo que ser adotadas restrições, como o isolamento, quarentena, distanciamento social, uso de máscaras, álcool em gel, chegando inclusive ao *lockdown* (trancamento, confinamento) que é a medida mais drástica na escala do distanciamento social, significando que as pessoas só poderiam sair de casa em extrema necessidades, como: ir ao médico ou à farmácia. O que logicamente atingiu o fechamento das indústrias, comércios e serviços, ou seja, locais de trabalho, escolas, eventos, visitas à família e amigos, viagens, lazer, impactando a vida de todos.

Todos foram prejudicados de alguma maneira. Grandes setores da economia tiveram uma queda financeira vertiginosa, muitos chegando a fechar. Creio que um dos únicos setores que teve benesses foi o comércio eletrônico, ou seja, o processo de compra e venda de produtos por meios eletrônicos, como aplicativos móveis e Internet, o chamado *e-commerce*, que permite que você compre e venda produtos em um escala global, vinte e quatro horas por dia.

Todo esse emaranhado de questões conseguiu, como um rastro de pólvora aceso, atingir a sociedade com os maiores índices de desemprego. Segundo dados divulgados pelo Instituto Brasileiro de Geografia e Estatística- IBGE, o número de desempregados no primeiro trimestre de 2021 é de 14,8 milhões de pessoas.

A taxa de desocupação nesse mesmo período é de 14,7%, o que representa 15 pessoas desocupadas para cada 100 brasileiros no mercado de trabalho.

Para o doutor em História Econômica pela Faculdade de Filosofia, Letras e Ciências Humanas (FFLCH) da USP José Luiz Portella,

> Desde 2016 já tínhamos mais de 11 milhões de desempregados e a pandemia foi um agravante do cenário atual, a pandemia ampliou mais ainda os problemas sociais de todos os países e, no caso brasileiro, o maior problema do desemprego é a desigualdade. Nós temos uma desigualdade muito forte, e não temos um sistema de gestão que combata esse problema.

12.1 POR QUE FALAR DE ECONOMIA SE O ASSUNTO É CAPTAÇÃO DE RECURSOS?

E por que estamos entrando nessa área da economia? O assunto não era captação de recursos? Correto, porém, como o país está passando por um processo de recessão nos mais diversos setores, o Terceiro Setor não poderia ser diferente. Mesmo ele tendo a missão de chegar com seus atendimentos solidários onde o estado não consegue chegar, também foi atingido e muito com todas essas situações, uma vez que essa crise econômica levou à queda das doações físicas e jurídicas, patrocínios, falta de eventos, demissão de funcionários, fechamentos de diversas organizações que deixaram de atender as necessidades mais básicas de muitas famílias e pessoas excluídas.

Esse cenário de insegurança para o Terceiro Setor é demasiadamente preocupante, inclusive para o retorno de suas atividades ou projetos, uma vez que ele depende de uma economia estável para manter a sua busca na captação de recursos. Será sempre um dos grandes desafios para essas instituições manterem o desenvolvimento do seu trabalho social de ajudar os mais vulneráveis. O mais alarmante disso tudo é que o Terceiro Setor desempenha um papel principal e importante na sociedade. Segundo o Instituto de Pesquisa Econômica Aplicada (Ipea), "o terceiro setor tinha 820 mil entidades dotadas de CNPJ até 2019, empregando aproximadamente 3 milhões de funcionários antes da pandemia, ou seja, não é apenas as pessoas que foram deixadas de ser atendidas, mas também as que perderam seus empregos e fonte de renda familiar". Contudo, ele depende das doações para manter-se funcionando. Então, se a economia sofre um impacto negativo, consequentemente as doações vão diminuir.

É uma cadeia. Se existe uma crise econômica e social pela qual estamos passando, automaticamente, todos os custos foram reduzidos de pessoas físicas e jurídicas, índice de desemprego alto, economia instável, recursos escassos. Logo, as doações diminuirão e muito.

É todo um cenário não inspirador para essas instituições. Porém, muitas delas nasceram de uma inspiração e é por meio desse impulso que elas têm que buscar sua sobrevivência. Isso é o que constata um estudo realizado pela CAF América – Corporação Andina de Fomento, autoidentificada como Banco de Desenvolvimento da América Latina, que tem como missão impulsionar o desenvolvimento sustentável e a integração regional na América Latina, por meio do financiamento de projetos dos setores público e privado, a provisão de cooperação técnica e outros serviços especializados. Segundo esse estudo realizado com 805 ONGs, foi constatado que "97% dessas organizações estão sentindo necessidade de inovar" e, mais, 96,50% afirmaram que foram impactadas negativamente pela pandemia. Essa pesquisa foi realizada em 152 países.

Como podemos perceber, esse cenário é ainda de muitas incertezas, principalmente no quesito captação de recursos que, em consequência dessa crise econômica causada em grande parte pela pandemia do coronavírus, veio a dificultar e muito as arrecadações, doações, envolvimento voluntário, assim como o retorno às atividades que estão sendo realizadas em processo de escalonamento, devido ao andamento da vacinação. Assim que ela for avançando, os trabalhos irão caminhando ao normal. Como já citamos, durante o tempo que levou o isolamento social, as instituições filantrópicas também tiveram que fechar e, sem atendimento, a grande maioria das pessoas físicas e jurídicas que contribuíram de alguma maneira com elas deixaram de fazê-lo, levando a fechar um grande número de organizações, uma vez que tinham, mesmo assim, despesas como funcionários, energia, encargos sociais, ou seja, despesas fixas que continuaram existindo e tinham que ser pagas. Porém, as pessoas não pensaram dessa forma, o que levou a gerar impactos negativos gigantescos às comunidades mais necessitadas e que tinham o aporte dessas organizações sociais e que estão encontrando inúmeras dificuldades, inclusive para reiniciarem seus projetos, mesmo do zero, ou, melhor, como se estivessem iniciando seus projetos e atividades nesse momento.

Para tanto, cito aqui como exemplo a Instituição Pia Nossa Senhora das Graças, em Belém, no Pará, com 72 anos de existência, situada em um dos bairros mais populosos e carentes da cidade. Antes da pandemia, atendia a 330 crianças e adolescentes de diversos bairros, oferecendo a eles no contra horário da escola a educação não formal, que é um complemento à educação formal. Isso porque ela já teve que se reinventar em diversas situações.

E o que é essa educação não formal? A educação não formal é a educação fora da sala de aula (formal) e que define um novo olhar de aprendizado no processo de socialização da criança e adolescentes, com atividades que venham a complementá-las em seu processo humano e social. Todas as atividades oferecidas têm como finalidade a construção do coletivo, da participação, do aprendizado e da troca de saberes. Segundo Barro e Santos (2010, p. 6), "Sua finalidade é abrir janelas de conhecimento sobre o mundo que circunda os indivíduos e suas relações sociais."

Esse tipo de educação é oferecido no contra horário da escola, para que possa servir justamente de complemento à educação formal. A Instituição Pia Nossa Senhora das Graças implantou um projeto com atividades, como balé, sapateado, futsal, voleibol, basquetebol, jiu-jítsu, canto, leitura, teatro, dança, artesanato e brinquedoteca, que viessem ao encontro dos sonhos e desejos de cada criança atendida e que se encontra excluída socialmente, mas que não deixou de sonhar. Essa organização mantinha-se com a captação de recursos junto a empresas, associados, doações espontâneas e diversos eventos realizados com o intuito de manter-se sólida e em dia com seus pagamentos.

Durante a pandemia, ela perdeu quase 90% de todas essas arrecadações e hoje, em 2022, está com muita dificuldade de voltar a funcionar e principalmente normalizar toda essa captação antes já solidificada. Assim como a Instituição Pia, são milhares de organizações com as mesmas dificuldades de manter-se sustentáveis. Como já falamos anteriormente, muitas fecharam suas portas, deixando centenas e milhares de pessoas sem ajuda necessária para manter-se. A dificuldade de captação de recursos é real e grave, muitos terão que se reinventar novamente, para que possam dar continuidade às suas missões e às suas atividades sociais. Porém, segundo o relatório mais atualizado que foi publicado pelo Fundo Monetário Internacional (FMI), o Panorama Econômico Mundial assegura que: "A pandemia do Novo Coronavírus deverá custar ao mundo mais de US$ 9 trilhões, gerando uma crise econômica sem precedentes na história".

Nesse cenário, as organizações do Terceiro Setor teriam que, realmente, reinventar-se ou, melhor, buscar outras alternativas para manter-se. Segundo Robson Melo, diretor-geral da Federação das Fundações e Associações do Espírito Santo (Fundaes),

> Além de buscarmos soluções que venham a contribuir financeiramente com essas organizações, é preciso dar luz a outros aspectos importantes, que podem vir a minimizar os impactos negativos desta crise, tais como a integração do setor para busca de soluções e um planejamento com análise de cenários e readequação dos objetivos, dentre outros.

Para Valarelli (2001), "uma das barreiras à captação de recursos é a crescente escassez de fundos disponíveis ao financiamento dos projetos sociais". O autor complementa que:

> [...] uma estratégia bem elaborada de captação de recursos que amplie e diversifique as fontes de captação contribui para aumentar a autonomia das organizações frente às mudanças e exigências das fontes de financiamento, dando a elas maior capacidade de manutenção da sua identidade, sem precisar abrir mão de sua missão e valores, que são muitas vezes requisitados pelas entidades doadoras, conseguindo assim manter a independência frente aos interesses dos investidores.

Observe que estamos retratando um período antes pandemia, antes da crise econômica, ou seja, se já encontrávamos dificuldades de realizar as captações de recursos, imagine agora. Momentos mais difíceis ainda, em que as organizações não podem de maneira nenhuma deixar a bola cair, se quiserem manter-se sustentáveis, e não é apenas elaborar um projeto, visualizar seus prováveis parceiros e ir ao encontro deles, para mais uma missão dentro dessa complexa atividade que não é apenas apresentar seus projetos, atividades e torcer para que eles estejam de acordo com os objetivos de seus parceiros.

12.2 HÁ ESTRATÉGIAS PARA CAPTAR RECURSOS?

Então, poderíamos nos perguntar: há estratégias para captar recursos? Claro que sim. Esse projeto ao qual me referi anteriormente deverá ser bem pensado e elaborado constando qual a necessidade da organização. Para que ela precisa desses recursos? De que maneira eles serão aplicados? Quais resultados serão alcançados? Quantas pessoas serão atingidas? Quem são essas pessoas? De onde elas vêm? Quais são os seus perfis? O que já foi alcançado com o projeto? São questões importantes que nortearão seu plano de captação para a instituição, assim como responderão aos prováveis parceiros que querem saber exatamente o que eles estarão fazendo, para quem, o que esperar dessa parceria, mesmo porque essa relação deverá ser boa para os dois lados. O importante é serem mantidos a confiança, o respeito, a ética e a responsabilidade na prestação de contas entre os entes parceiros.

Devemos entender que a palavra-chave para as consolidações na captação de recursos é a parceria, pois, como já dizia o filósofo inglês Thomas Morus, "Nenhum homem é uma ilha". Isso nos faz lembrar que ninguém vive somente por si só, cada ação que praticamos se propaga e atinge os outros, seja de maneira positiva ou negativa. Quando há ajuda mútua, os mesmos interesses e objetivos concretos, conseguimos minimizar problemas e tornar a vida de outras pessoas menos sofrida e mais justa. Outra possibilidade é a organização procurar ser empreendedora, ou seja, passar a produzir bens, como vendas de comida, camisetas, produtos por ela confeccionados, bazares, rifas e outros, ou também algum tipo de serviço com alcance de lucros que pudessem a vir complementar as suas receitas.

Complemento com as palavras de Adulis (2002),

> [...] grande parte do sucesso nas atividades de captação está ligada diretamente ao relacionamento que se estabelece com os doadores potenciais, os quais são pessoas ou instituições que geralmente compartilham com a missão, valores e objetivos gerais da organização e podem estar dispostos a contribuir para a realização de atividades ou projetos por ela desenvolvidos.

Com as palavras de Tachizawa (2004, p. 303),

> Busca de recursos (não exclusivos, mas predominantemente financeiros) como forma de atingir a missão de uma entidade, implementando programas e projetos de organizações do Terceiro Setor. Conjunto de técnicas destinadas a organizar e a potencializar a busca de recursos.

E as de Amaral (2002), as quais, inclusive, determinam que sejam seguidas três regras que podem facilitar a captação de recursos de maneira mais eficiente. Elas estão relacionadas com a atitude de quem trabalha na captação, isto é:

- **esteja sempre pronto** – as instituições devem ter um programa de captação de recursos já pronto para arraigar fundos e, assim, cobrir despesas inesperadas;

- **seja confiante** – o captador deve transmitir confiança ao doador e mostrar que é capaz de executar de forma eficiente e concisa o projeto para o qual pede financiamento;

- **seja comunicativo** – o captador deve mostrar boa impressão antes de se aproximar dos possíveis financiadores.

Tendo alguns princípios básicos destacados por Dimenstein (2005) sobre a captação de recursos, definindo-os como:

- pesquisa dos potenciais doadores;
- levantamento dos contatos no entorno da entidade;
- criação de um banco de dados;
- elaboração de uma proposta bem estruturada, com orçamento;
- montagem de uma apresentação sobre a proposta;
- definição exata da verba necessária para realizar a ação;
- abordagem clara e objetiva;
- realização de contato de retorno;
- encaminhamento de agradecimento;
- prestação de contas.

Basta nos atentarmos para tudo o que foi anteriormente descrito para sabermos que não é fácil captar recursos, que não é qualquer pessoa que poderá fazer isso. Ela precisa ser capacitada nessa área e ter expertise suficiente para entender todos os meandros e técnicas da captação, pois é um projeto que tem princípio, meio e fim, ou seja, ele pode acabar, mas não termina. E por que digo isso? Pois temos que fazer prestação de contas aos investidores, patrocinadores, colaboradores, apoiadores etc. Essa transparência é de fundamental importância em todo esse processo.

Esses atores envolvidos têm que ser participantes em tudo, precisam saber onde, como, porque, para quem, o que foi alcançado, o que precisa ser modificado ou, melhor, eles precisam ter um retorno para esse investimento realizado, precisam ter confiança nas organizações e, principalmente, porque esses procedimentos demonstram credibilidade com a transparência comprovada. Assim, é muito mais fácil aproximar os doadores, ocasionando mais legitimidade e possibilidades de sustentabilidade financeira.

Para tanto, existem algumas formas de captar recursos para essas organizações, entre elas, podemos citar:

- a captação de recursos através de projetos bem elaborados;
- editais;
- organização de eventos (bingos, chás da tarde, jantares dançantes, leilão etc.);
- bazar/brechó;
- venda de produtos produzidos ou não pela entidade;
- aluguel de espaços da própria organização;
- produção de alimentos como: biscoitos, pães, geleias e outros;
- contratos de prestação de serviços;
- doações dedutíveis do imposto de renda de pessoas físicas e jurídicas;
- patrocínios;
- subvenções;
- convênios com fundações e institutos;
- leis de incentivo;
- emendas parlamentares etc.

12.3 EMENDAS PARLAMENTARES

Desejo me alongar um pouco mais sobre as emendas parlamentares, que são também uma forma de captação de recursos quando se consegue de maneira legal e sem contrapartida. Para tanto, precisamos saber um pouco mais sobre essas emendas. Começamos perguntando o básico: o que são emendas parlamentares? Segundo o Sistema de Gestão de Convênios e Contratos de Repasse do Governo Federal (Sincov), https://siconv.com.br, de acordo com a Constituição, a emenda parlamentar é o instrumento que o Congresso Nacional possui para participar da elaboração do orçamento anual, ou seja, é o grande momento ou chance que os deputados federais têm de adicionarem os seus planejamentos orçamentários com o objetivo de atender a seus pleitos dentro das comunidades que representam.

É justamente por meio dessas emendas que os deputados Federais podem interferir no gasto do dinheiro público. E de que maneira podem fazer isso? Todo ano o Poder Executivo elabora um orçamento de quanto dinheiro o governo deseja arrecadar e quanto pretende gastar durante todo o ano seguinte, com base no valor total arrecadado pelos impostos, logo, é elaborado um projeto de Lei Orçamentária Anual (LOA), constando as receitas e despesas que serão realizadas pelo poder Executivo, ou seja, presidente da República, governadores e prefeitos. O Poder Executivo é o autor da proposta, e o Poder Legislativo (congresso nacional, assembleias legislativas e câmaras municipais) que precisa transformá-la em lei.

E as emendas, onde entram? As emendas parlamentares são justamente as alterações que serão feitas nesse projeto de lei apresentado pelo poder executivo, é nesse momento em que vai ser discutido em plenário que elas podem ser apresentadas, tanto pelos deputados federais quanto pelos senadores a nível nacional. Podem ser de três tipos:

- apropriação: acrescentam despesas para o projeto;
- remanejamento: proposição de novos projetos, com uso de recursos já previstos no projeto original;
- cancelamento: suprime alguma despesa prevista.

Segundo o princípio da anualidade, a Lei Orçamentária Anual deve ser aprovada anualmente e a cada ano deverá ser elaborada uma nova LOA que terá a permanência de 1 de janeiro até 31 de dezembro de cada ano. Entendendo que essas emendas parlamentares são mecanismos que as Câmaras Municipais, Assembleias Legislativas e Congresso Nacional disponibilizam para que os parlamentares participem da elaboração da Lei Orçamentária Anual da União, dos estados e dos municípios. Essa participação foi garantida a eles por meio da Emenda Constitucional 86, que foi aprovada em março de 2015, mais conhecida como PEC do orçamento impositivo, que veio a constituir um valor mínimo proveniente de emendas parlamentares que devem, obrigatoriamente, ser executadas para o ano seguinte por eles.

É por meio dessas emendas que os senadores, deputados federal e estadual, assim como os vereadores propõem quando e onde o dinheiro público será aplicado e, dessa maneira, levam uma parcela desses recursos para realizaremos acordos que assumiram perante os seus redutos eleitorais. Em tese, tudo isso é muito bom, porém, na realidade, torna-se uma poderosa estrutura que, além de definir como o dinheiro público será alocado, torna-se também uma forma de manter seus redutos eleitorais satisfeitos com o dinheiro que é público, isso sem levar em conta todas as regalias que esses parlamentares já têm.

E quais são essas regalias? A nível federal, segundo https://www.camara.leg.br, o salário atual de um deputado federal é R$ 33.763,00 e, mais, cada deputado tem uma verba destinada à contratação de pessoal no valor de R$ 106.866,59 por mês, para pagar salários de até 25 secretários parlamentares. Têm também uma cota para o Exercício da Atividade Parlamentar (Ceap), na qual o valor depende do estado de cada deputado, vai de R$ 30.788,66 a R$ 45.612,53, para custear as despesas do mandato, como gasto com alimentação, aluguel de veículo e escritório, divulgação do mandato, passagens aéreas, conta de celular, entre outras despesas. Têm ainda auxílio-moradia no valor de R$ 4.253,00 e mais dois salários no primeiro e no último mês da legislatura como ajuda de custo. Todas essas pessoas são contratadas diretamente pelos deputados, com salários de R$ 1.025,12 a R$ 15.698,32. Encargos trabalhistas como 13º, férias e auxílio-alimentação dos secretários parlamentares não são cobertos pela verba de gabinete — são ressarcimento de gastos com médicos pagos com recursos da Câmara. Fonte: Agência Câmara de Notícia.

E não somente isso, "Cada deputado tem direito a receber diárias quando viaja em missão oficial. Nas viagens nacionais, o valor da diária é de R$ 524,00.

Nas viagens internacionais, o valor da diária é de 391,00 dólares para países da América do Sul, e de 428,00 dólares para outros países". Conforme https://agenciabrasil.ebc.com.br/. São 8,2 milhões de pessoas desempregadas no país, e a Câmara dos Deputados parece alheia à crise econômica existente, com pessoas passando fome, mendigando, sem atendimento hospitalar suficiente para atender tamanha demanda, sem escolas e saneamento adequado à população, porém continuam fazendo a farra com dinheiro público, investindo muito alto em gastos de custeio das atividades dos 513 deputados para que eles possam postar em suas redes sociais o que estão fazendo com o dinheiro dos nossos impostos, passeando, comendo, bebendo, curtindo, sem realmente trazer algo de relevante à melhoria de vida da sociedade.

Nessa nova legislatura, já foram desembolsados R$ 84,84 milhões com a Cota para o Exercício da Atividade Parlamentar (Ceap), o chamado cotão, e R$ 257,48 milhões com a verba de gabinete. Isso em um país como o nosso, que está em uma crise comparada à Grande Depressão que ocorreu em 1929. Porém, insistem em manter essas benesses, entre outras, agregadas ao mandato de um parlamentar, que só se diferenciam dos outros funcionários públicos, porque são eleitos pelo povo. No restante, deveriam ser tratados como qualquer funcionário, sem essas benesses. Para termos ideia, cada parlamentar a nível nacional custa ao contribuinte R$ 2,14 milhões por ano ou R$ 179 mil por mês. Somadas as despesas com todos os 513 integrantes da Câmara, as despesas chegam a R$ 91,8 milhões todo mês ou R$ 1,1 bilhão por ano. Esse valor daria para alimentar milhares de pessoas, com ajuda àqueles que precisam, melhorar as escolas, hospitais, comprar remédios, entre tantos benefícios reais à população e não a uma pequena minoria.

Essas emendas, que deveriam ser vistas como uma ferramenta positiva, uma vez que os parlamentares estão mais próximos da realidade de seus estados do que o governo federal, poderiam estar destinando de maneira mais eficiente os recursos provenientes do orçamento da União. Porém, na realidade, essas emendas criam as mais diversas controvérsias, entre elas a barganha entre parlamentares e suas bases.

Segundo Bruno Blume do https://www.politize.com.br/, "As emendas parlamentares são tradicionalmente utilizadas para projetos que agraciam as bases eleitorais dos congressistas. Ficam de olho nas emendas principalmente os prefeitos que dependem em parte desses recursos". Ou seja, assim como o governo possui uma vantagem em liberar as emendas para o Congresso, os parlamentares conseguem barganhar com políticos da esfera municipal. "Vale notar que deputados estaduais também têm o poder de emendar o orçamento estadual, o que garante poder semelhante ao dos deputados federais e senadores, dentro de seus estados".

Esse é um cenário complicado e torna-se também bastante criticado por muitos prefeitos, que, com razão, percebem o quanto é excessivamente centralizado na União os recursos advindos dos tributos arrecadados no nível federal, pois acabam criando uma grande dependência do poder municipal em relação à Brasília e aos parlamentares, pois são eles que podem garantir verbas realmente significativas para investimentos nos municípios. Conforme https://opiniao.estadao.com.br, "Parcela da opinião pública avalia que esse tipo de emenda parlamentar 'resulta normalmente em pulverização de recursos e, portanto, em aplicações ineficientes do ponto de vista das políticas nacionais'. 'A maior parte dessas transferências representa desperdício'" (A barganha [...], 2012, s/p).

Outro fator para a controvérsia sobre as emendas parlamentares é a corrupção. Como assim? Não é apenas o ponto nefrálgico das emendas a barganha entre os parlamentares e suas bases eleitorais, outros episódios graves envolvem a aplicação de recursos das emendas parlamentares. Vários escândalos de corrupção sobre a utilização desses recursos já tomaram repercussões grandiosas nas mídias do país. Se formos buscar na nossa memória (e, olha, que dizem que brasileiro não tem memória, o que discordo), vamos lembrar os fatos ocorridos, dos deputados que aparentemente recebiam propina para que fosse votadas determinadas emendas que favoreciam determinados grupos empresariais, como é o caso do ex-deputado federal e hoje deputado estadual de Minas Gerais J.M, que foi acusado de negociar emendas por propinas de 10% a 12%, e o pior de tudo é que continua como deputado.

Outro grande escândalo foi o dos anões do **orçamento**, que foi alvo de uma Comissão Parlamentar de Inquérito (CPI), em 1993, no decorrer do governo de Itamar Franco (PMDB), onde um grupo de 37 políticos foi investigado por manipularem emendas parlamentares com o único objetivo de desviar dinheiro público. Outro escândalo estrondoso foi o caso Odebrecht e a Braskem, que conforme o Estadão, "o esquema consistia em fraudes no orçamento da União, como desvio de recursos para organizações sociais fantasmas e para empreiteiras".

A prosperidade da Odebrecht, segundo https://www.dw.com/pt-br/o-ocaso-da-odebrecht,

> [...] durante o regime militar quase foi ofuscada pela conhecida Era Lula (2003-2010), quando o Estado retomou a prática de financiar grandes obras. Sob os petistas, o grupo viu o faturamento pular de 17,3 bilhões de reais em 2003 para 107,7 bilhões em 2014.
>
> Além de vultosos empréstimos do Banco Nacional de Desenvolvimento Econômico e Social (BNDES) e grandes obras

para a Copa do mundo e os Jogos Olímpicos. Ao mesmo tempo, segundo revelações da Lava Jato, a organização irrigava campanhas políticas do PT e de outros partidos, inclusive da oposição.

Toda essa organização começou a desmoronar a partir de 2014, quando a Odebrecht caiu na mira da Lava Jato. Conforme relatório, "as duas empresas pagaram juntas, 599 milhões de dólares em propina a políticos, partidos e agentes do governo brasileiro em troca de vantagens em obras no país". Em concordância com as investigações da Justiça americana, essa corrupção toda ocorreu entre os anos de 2003 e 2016, envolvendo o valor de 349 milhões em propina e, como consequência, tiveram um ganho de contratos na ordem de quase 2 bilhões de dólares. Atualmente, cerca de 12 bilhões e 6 milhões de reais, e a Braskem possibilitou o pagamento de 250 milhões em subornos durante o mesmo período. É muito dinheiro que poderia ter sido melhorado e muito vida dos brasileiros. Vale lembrar que não foi apenas o Brasil envolvido em toda essa sujeira de corrupção, outros países, como Angola, Argentina, Colômbia, República Dominicana, Equador, Guatemala, México, Moçambique, Panamá, Peru e Venezuela também participaram. https://www.politize.com.br/ **Bruno André Blume.** Bacharel em Relações Internacionais da Universidade Federal de Santa Catarina (UFSC).

No dia 23 de setembro de 2021, foi discutido por meio de uma audiência pública na Câmara dos Deputados, convocada pela Frente Parlamentar Ética Contra a Corrupção, com a participação de especialistas em contas públicas e Orçamento sobre Emendas de Relator, em que afirmam que as emendas de relator não têm transparência e são inconstitucionais. Essas emendas são também conhecidas como RP9, que são empregadas justamente para abrir mais lacunas e deformidades na Lei Orçamentária Anual (LOA) e, assim, promover mais a corrupção.

Segundo Gil Castello Branco: "As emendas de relator, inclusive da forma como estão sendo praticadas atualmente, elas são inconstitucionais, porque ferem realmente a impessoalidade, moralidade, a publicidade. Elas também constituem uma fraude à democracia", afirmou o secretário-geral da Associação Contas Abertas. Conforme, www.poder360.com.br:

> As emendas de relator foram criadas pelo Congresso Nacional em 2019, para o Orçamento de 2020. O presidente Jair Bolsonaro (sem partido) vetou o dispositivo. O veto foi mantido naquele ano, mediante acordo com os congressistas para que um valor fosse destinado da mesma forma, de maneira

discricionária, a deputados e senadores. Por essa razão, as RP9 começaram a vigorar no ano passado, 2020, com um total de R$ 20,1 bilhões.

De acordo com o mesmo site, www.poder360.com.br:

> Nesse tipo de emenda, o relator tem formalmente poder para definir quanto e onde serão aplicados os recursos. É normalmente usado como moeda de troca entre o Legislativo e o governo federal durante a execução orçamentária. Em 2021, as emendas de relator somam R$ 18,5 bilhões. É mais da metade de todas as emendas previstas no projeto de lei orçamentária.

E o secretário-geral de Controle Externo do Tribunal de Contas da União (TCU) Leonardo Albernaz também criticou a falta de critérios nas emendas de 2020 que já foram analisadas pelo tribunal.(https://www.poder360.com.br/congresso/emendas-de-relator-facilitam-corrupcao-dizem-especialistas/). Quando falamos em corrupção é como se mexêssemos em um vespeiro que atacam por todos os lados sem dó, nem piedade, porque a corrupção é isso, é um câncer sem cura em nosso país e, o pior, desempenhado pelas pessoas que votamos para nos representar no congresso nacional, ou seja, a velha história de colocar o lobo para tomar conta das ovelhas ou, melhor, o ladrão para tomar conta do cofre, e assim por diante.

12.4 COMO A CORRUPÇÃO PREJUDICA E MUITO AS POLÍTICAS PÚBLICAS

Se formos ver o significado de corrupção, o dicionário diz que a palavra vem do latim *"corruptus"*, que significa quebrado em pedaços. O verbo corromper significa "tornar pútrido". Outra definição é que a corrupção é o efeito ou ato de corromper alguém ou algo, com a finalidade de obter vantagens em relação aos outros por meios considerados ilegais ou ilícitos. Se relacionarmos as historinhas do lobo e as ovelhas ou do ladrão e o cofre, poderemos fazer uma perfeita analogia como que acontece hoje, principalmente, com os parlamentares ou, melhor, com os "pralamentares" que nos representam e, ao mesmo tempo, tornam-se nossos algozes, no momento em que se vendem para obter vantagens pessoais e mau uso do dinheiro público, prejudicando toda a sociedade.

Todos esses recursos desviados dos cofres públicos deixam de ser investidos na saúde, na educação, saneamento básico, no transporte público, obras para o bem comum, na cultura, esporte, lazer, segurança, capacitação, pesquisas, empregos, geração de renda e tantos outros danos que são causados à sociedade. Tecnicamente, a corrupção vai cada vez se perpetuando nas estruturas governamentais e desenvolvendo essas práticas criminosas, que parecem já estar se tornando banais, pois não acontece nada com esses delinquentes engravatados e eleitos pelo povo.

Vamos apenas citar alguns casos de corrupção no Brasil. Vejam os valores e o quanto foi deixado de ser investido na sociedade, ou seja, o dinheiro que pagamos de impostos, taxas etc. indo todo para mãos de poucos por meio da corrupção. E pergunto: algum está preso? Devolveu o que roubou? Eu não sei responder.

CASO 1: Máfia dos fiscais
ROMBO: R$ 18 milhões
QUANDO: 1998 e 2008
ONDE: Câmara dos vereadores e servidores públicos de São Paulo.

CASO 2: Mensalão
ROMBO: R$ 55 milhões
QUANDO: 2005
ONDE: Câmara Federal

CASO 3: Sanguessuga
ROMBO: R$ 140 milhões
QUANDO: 2006
ONDE: Prefeituras e Congresso Nacional

CASO 4: Sudam
ROMBO: R$ 214 milhões
QUANDO: 1998 e 1999
ONDE: Senado Federal e União

CASO 5: Operação Navalha
ROMBO: R$ 610 milhões

QUANDO: 2007
ONDE: Prefeituras, Câmara dos Deputados e Ministério de Minas e Energia

CASO 6: Anões do orçamento
ROMBO: R$ 800 milhões
QUANDO: De 1989 a 1992
ONDE: Congresso Nacional

CASO 7: TRT de São Paulo
ROMBO: R$ 923 milhões
QUANDO: De 1992 a 1999
ONDE: Tribunal Regional do Trabalho de São Paulo

CASO 8: Banco Marka
ROMBO: R$ 1,8 bilhão
QUANDO: 1999
ONDE: Banco Central

CASO 9: Vampiros da Saúde
ROMBO: R$ 2,4 bilhões
QUANDO: De 1990 a 2004
ONDE: Ministério da Saúde

CASO 10: Banestado
ROMBO: R$ 42 bilhões
QUANDO: De 1996 a 2000
ONDE: Paraná
*Valores estimados e atualizados pela inflação[4]

---

[4] Fontes: Andre Carraro, professor do departamento de economia da Universidade Federal de Pelotas e especialista em corrupção, Museu da Corrupção, Controladoria-Geral da União, ONG Transparência Brasil, site Consultor Jurídico, Folha de S.Paulo e O Estado de S.Paulo.

O que tenho certeza é que, se somarmos apenas esses rombos ao cofre público citados anteriormente, são bilhões de reais desviados e que deixaram de ser investidos na qualidade de vida da população que cumpre com seu dever ao pagar essa exorbitância de impostos que somos obrigados a pagar. Além de toda essa sujeira macular a imagem do nosso país, a corrupção acaba por afetar a cada um de nós e em potencial as pessoas mais pobres que precisam de serviços públicos, como hospitais, remédios, escolas, emprego, moradia, creches, alimento e tantas outras coisas.

Garcia e Alves (2005, p. 5) sustentam que:

> Especificamente em relação à esfera estatal, a corrupção indica o uso ou a omissão, pelo agente público, do poder que a lei lhe outorgou em busca da obtenção de uma vantagem indevida para si ou para terceiros, relegando a plano secundário os legítimos fins contemplados na norma. Desvio de poder e enriquecimento ilícito são elementos característicos da corrupção.

Temos que entender que a corrupção não se limita apenas à atitude do roubo, do desvio de recursos públicos, dos malefícios causados à população, que foram anteriormente citados, mas também leva à descredibilidade aos políticos em geral, das políticas públicas implantadas, do enfraquecimento do governo perante a sociedade, acaba por estimular as redes do crime organizado, o aumento do tráfico tanto de pessoas quanto de armas, contrabando de espécies ameaçadas de extinção, trava o crescimento econômico, enfraquece as estruturas de segurança pública, ferindo o Estado de direito e, o pior, colocando em risco a própria democracia. É um dano incalculável a todos que sabemos que a corrupção ultrapassa o aspecto econômico, passando a ter um caráter político, o que deve nos trazer mais preocupação. Segundo observa Côelho:

> A corrupção é uma chaga que drena os recursos públicos que poderiam ser investidos na garantia dos direitos fundamentais. A endêmica apropriação privada dos recursos públicos, em todos os níveis de governo, é um obstáculo ao pleno desenvolvimento do Brasil como nação moderna. A corrupção é a negação da República (Côelho, 2015, p. 85).

É estranhamente comum vermos nas mídias governantes parlamentares que são nossos representantes no congresso, assembleias legislativas e governos em geral para os quais votamos, acreditando que iriam defender nossos direitos e interesses, chegando ao poder e mudando completamente seus discursos e promessas.

Passam a fazer acertos políticos de interesse próprio, desvio de verbas, conchaves e esquecem das suas funções reais que deveria ser a de buscar melhoria da qualidade de vida da sociedade. E não é somente isso. Eles têm a cara de pau de 4 em 4 anos, ou seja, na próxima eleição, fazer exatamente o que fizeram anteriormente. O mais interessante é que o povo esquece o que que eles não fizeram e como se beneficiaram daquele mandato, dando mais uma oportunidade de eles fazerem novamente a mesma coisa. E olha que tem uma Lei Anticorrupção, n.º 8429/92, que prevê punições em três categorias de improbidade administrativa que envolve o enriquecimento ilícito, prejuízo ao erário e atentado ao princípio da administração pública, fora a lei de licitações, de responsabilidade fiscal e regimentos de código de conduta, porém nada disso importa, quando são eles que julgam os amigos e colegas partidários ou não. Isso muito beneficia a corrupção brasileira.

Segundo o Programa das Nações Unidas para o Desenvolvimento, estima-se que nos países em desenvolvimento a quantia de fundos desviados de seus destinos pela corrupção é 10 vezes superior ao destinado à assistência oficial para o desenvolvimento. É incrível que em pleno século XXI ainda continue a existir essa relação promíscua entre os Poderes Executivo e Legislativo. É sempre o caso da "velha política", o toma lá dá cá, o entrar na política apenas para se dar bem e o povo que se dane.

Creio que se em todo o Congresso nacional fossem colocados aqueles avisos que são colocados nas escolas de ensino fundamental ou creches que dizem: bom dia, boa tarde, com licença, muito obrigada, desculpe, tenha educação e outras. No Congresso, deveria ser: tenho que respeitar meus eleitores, não a corrupção, não devo desviar dinheiro público, devo exercer meu mandato com dignidade, boa-fé, zelo e probidade, devo saber pelo menos um artigo da Constituição de 1988, artigo 37, honestidade acima de tudo.

12.5 ONDE SE ENCONTRA O PRINCÍPIO DA HONESTIDADE

Não custa lembrá-los que o artigo 37 da Constituição Federal, de 1988, descreve os princípios que norteiam a base do Direito Administrativo aplicado à Administração pública, indireta e fundacional. Vejamos: "Art. 37. A administração pública direta e indireta de qualquer dos Poderes da União, dos Estados, do Distrito Federal e dos Municípios obedecerá aos princípios de legalidade, impessoalidade, moralidade, publicidade e eficiência". Descreveremos os cinco princípios:

- princípio da legalidade: considerado o pilar da conduta dos agentes em face da Administração Pública. Ou, melhor, todo e qualquer ato administrativo deve ter respaldo em lei, sob pena de ser considerado ilícito;

- princípio da impessoalidade: nesse princípio, entende-se que não é permitido à Administração Pública fazer diferenciações que não sejam juridicamente justificáveis. Suas ações devem ser sempre imparciais, impedindo quaisquer privilégios, interesses e discriminações, devendo assegurar a defesa do interesse público sobre o privado;

- princípio da moralidade: esse princípio vem estabelecer não somente a atuação administrativa, mas também que seja respeitada a lei, que se tenha ética, honestidade, lealdade, seriedade e probidade em relação ao administrado;

- princípio da publicidade: nesse princípio, estabelece-se como regra geral que todos os atos praticados pela Administração pública sejam largamente divulgados, permitindo, assim, o exercício do controle social sobre os atos públicos;

- princípio da eficiência: significa que o gestor público deve administrar a coisa pública com efetividade, economicidade, transparência e moralidade, visando cumprir as metas estabelecidas, de maneira imparcial, neutra, transparente, participativa, eficaz, sem burocracia e sempre em busca da qualidade, primando pela adoção dos critérios.

Ou seja, a Constituição Federal de 1988, também conhecida como Constituição Cidadã, é a que rege todo o ordenamento jurídico brasileiro até hoje. Faz 33 anos em 2022, sendo um marco aos direitos dos cidadãos brasileiros, por garantir liberdades civis e os deveres do Estado, entre eles: I – construir uma sociedade livre, justa e solidária; II – garantir o desenvolvimento nacional; III – erradicar a pobreza e a marginalização e reduzir as desigualdades sociais e regionais; IV – promover o bem de todos, sem preconceitos de origem, raça, sexo, cor, idade e quaisquer outras formas de discriminação. Se cada parlamentar lesse a Constituição Federal pelo menos uma vez e assimilasse algo, creio que poderíamos até ter esperança em mudanças de comportamento civil deles.

A sociedade já está exaurida de tanto escândalo, de tanta falta de respeito para com ela, irresponsabilidade, descompromisso, descaramento, falta de decoro que assistimos diariamente nas mídias encenadas por pessoas que deveriam estar nos representando e defendendo os nossos direitos nos Congresso. O que vemos, constantemente, é o inverso de tudo isso, precisamos de um novo perfil de parlamentares e administradores público que levem a sério a configuração do estado social e democrático de direito, que se presume, em uma nova perspectiva de gestão, que aludem à participação da sociedade na colaboração de medidas de interesses coletivos. A sociedade exige mais respeito, união, compaixão, mais igualdade de direitos, respeito à democracia e a punição a qualquer tipo de preconceito, almejando sempre a liberdade para todos.

Fizemos questão de abordar esse tema da corrupção, uma vez que ele está intimamente ligado à liberação de emendas parlamentares, que quase sempre utiliza, em contrapartida, apoio ou votação a determinado projeto de lei ou de emenda constitucional que venha a beneficiar alguém, algum grupo ou empresas, o que ofende e desconsidera a própria Constituição Federal e toda a sociedade. Mesmo porque não estanca apenas nesses fatores que implicam as emendas parlamentares, mas também a negociata de cargos políticos e comissionados na administração direta e nas empresas estatais, ocasionando sempre no favorecimento pessoal, perpassando para outro patamar o caráter meritório.

Mas voltando às emendas parlamentares, e não à corrupção, só para termos ideia do que isso significa ao país em termos de recursos públicos, segundo www12.senado.leg.br, "para cada parlamentar brasileiro (temos 513 deputados federais e 81 senadores), é garantida uma cota individual de R$ 17,6 milhões podendo apresentar no máximo de 25 projetos de emendas diferentes". Existindo uma observação que a metade do valor das emendas precisa ir para a saúde. Porém, Sodré e Alves (2010) defendem que "a transferência de recursos mediante emendas parlamentares contribui para o aumento da corrupção. Segundo os autores, municípios que receberam recursos dessa natureza apresentaram, em média, 25% mais episódios de corrupção".

Para o ano de 2022, já foi encaminhado pelo Poder Executivo ao congresso o projeto de lei orçamentária, no qual já está reservado R$ 10,5 bilhões para emendas individuais e R$ 5,7 bilhões para as emendas de bancada estadual, totalizando R$ 16,2 bilhões em emendas com execução obrigatória. Metade das emendas individuais ou R$ 5,24 bilhões deve ser gasta em ações e serviços públicos de saúde. ttps://www12.senado.leg.br > materiais > 01dez. 2021.

Fizemos questão de colocar aqui os valores empenhados desde 2017 a 2021 encontrados no Portal da Transparência federal, com evolução histórica.

Tabela 1 – Ano e valores

Ano	Valor empenhado	Valor pago
2017	R$ 10.704.235.747,00	R$ 2.243.560.992,67
2018	R$ 11.307.101.377,77	R$ 5.120.743.367,62
2019	R$ 12.973.770.235,32	R$ 5.741.813.192,48
2020	R$ 35.181.570.344,59	R$ 16.109.079.492,94
2021	R$ 22.091.254.199,09	R$ 11.523.236.612,23

Fonte: https://www.portaltransparencia.gov.br

Se analisarmos esses valores exorbitantes que descrevemos, vamos ter ideia do quanto deixa de ser investido em políticas públicas que realmente venham a criar um desenvolvimento social coletivo. Calcula-se que o montante de recursos públicos desviados todos os anos chega a R$ 200 bilhões, deixando de investir nas necessidades e direito da população. Quando penso dessa maneira, só vem em mente que, se toda essa importância fosse realmente investida corretamente, poderiam ser triplicado os atendimentos nos hospitais, teríamos melhores escolas e com profissionais qualificados, uma alimentação mais adequada, teríamos mais segurança, menos desemprego, mais renda, moradia, transportes coletivos melhores, diminuição de moradores de rua e mendigos, menos violência e mais qualidade de vida a todos.

Conforme afirma Miranda (2014):

> São inegáveis as consequências negativas que a corrupção traz para a tutela dos direitos fundamentais da pessoa humana e para a manutenção do próprio Estado Democrático de Direito, eis que configura um dos fatores da crise da governabilidade, colocando em risco a democracia, na medida em que gera desconfiança nas instituições estatais.

> A Administração Pública exerce um papel fundamental para preservação do princípio da dignidade da pessoa humana, que é um dos fundamentos do Estado Democrático de Direito. É justamente dela que depende a concretização de direitos sociais fundamentais, como, por exemplo: saúde, educação, alimentação, trabalho, habitação, lazer, segurança pública, enfim, direitos que são essenciais para a própria sobrevivência humana, com o mínimo de dignidade.

Como é perceptível, a corrupção só traz benefícios aos corruptos e corruptores, porque para a sociedade e para o Brasil só trazem drásticas consequências sociais, especialmente, relacionadas às perdas dos direitos sociais constitucionais que foram garantidos pela Constituição Federal, como direitos à educação, à saúde, à moradia, ao emprego etc. Logo, é evidente que a corrupção só traz efeitos muito negativos para toda a sociedade. Ela produz um custo social alto demais por parte do Estado.

Quem é sempre o mais prejudicado são as pessoas mais pobres e vulneráveis, ou seja, as maiores vítimas, que perdem seus direitos sociais mínimos que deveriam ser assegurados e concretizados pelo Estado.

Em relação a esse assunto, Charles de Secondat Montesquieu, filósofo, apresentou um padrão, que até o presente momento ainda é encontrado nos regimes democráticos. Ele, um filósofo, escritor e político iluminista francês, viveu o glorioso século XVIII, autor do livro *O Espírito das Leis*, escrito no mesmo século, que dizia que "a política fundamentada nas virtudes não funcionava no mundo moderno". Segundo o mesmo autor, ele "observa no mundo moderno a supremacia dos interesses privados sobre os interesses públicos, na medida em que não é possível mais a manutenção das virtudes num mundo que busca incessantemente a acumulação de riquezas". Inclusive, "Os atores políticos se fazem representar na esfera pública por seus interesses e não mais do bem comum, no sentido clássico".

Logo, vem a corrupção. Para Johnston (1987, p. 141),

> [...] a corrupção é empregada "por pessoas e grupos para obter do governo coisas que desejam, ou para impedir ações que não desejam, e de que com frequência ela utiliza muito dos mesmos recursos utilizados por modalidades mais convencionais de influência". Ele segue em seu contexto afirmando "que o pior da corrupção é que compõe parte integrante da política, ou seja, não é algo isolado no cenário político brasileiro.

Montesquieu foi um grande teórico da doutrina que deixou sua contribuição mais conhecida como a "Doutrina dos três poderes" e que mais tarde tornou-se a separação dos três poderes: executivo, legislativo e judiciário. Ele também foi considerado o legítimo precursor da Sociologia Francesa e do método comparativo-indutivo atualmente empregado tanto pela Ciência Política quanto pela História Política. Para ele, conseguir uma igualdade na democracia é difícil. Afirma que, "mesmo que na democracia a igualdade seja a alma do Estado, trata-se também de algo difícil e, por isso, não deve haver um rigor exagerado a respeito. É suficiente que se reduzam as diferenças até certo ponto".

Seu pensamento era perfeito, ao propor a divisão entre os poderes, na qual cada um teria sua autonomia sem intervenção ou desrespeito aos demais poderes. O cerne da questão é que os três poderes que compõem o Estado (poder legislativo, executivo e judiciário) deveriam agir de forma separada, independente e harmônica, ou seja, sustentando cada um suas características de serem uno, indivisível e indelegável.

Com que finalidade? Uma única: que o poder não ficasse concentrado nas mãos de uma única pessoa, como é o caso do Estado Absolutista, onde todo poder era concentrado nas mãos de uma única pessoa, o Rei. Com cada poder tendo suas características definidas, seria muito mais representativo dentro da democracia, como:

- o poder executivo: sua finalidade é executar, fiscalizar e gerir as leis de um país. Composto pela presidência da República, ministérios, secretarias da presidência, órgãos da administração pública e os conselhos de políticas públicas;

- o poder legislativo: constitui as leis de um país. Composto pelo Congresso Nacional, ou seja, Câmara de Deputados, o Senado, Parlamentos, Assembleias, cuja atribuição central é de instituir leis que venham a gerir a vida do país e de todos os seus habitantes;

- o poder judiciário: age no cumprimento das leis instituídas pelo poder legislativo. Ele é o responsável por apreciar as causas segundo a constituição do Estado. Composto por juízes, promotores de justiça, desembargadores, ministros, representado por Tribunais, com destaque para o Supremo Tribunal Federal (STF).

Todos eles com suas características determinadas e separadas. Dessa forma, tendo seus poderes estabelecidos para que tenhamos um governo limitado, moderado, ponderado e respeitoso a todos os direitos fundamentais aos cidadãos, ou seja, a separação de Poderes que foi denominada de Tripartição dos Poderes Políticos.

12.6 O QUE TEM A VER A DEMOCRACIA COM CAPTAÇÃO DE RECURSOS

Seguindo o raciocínio, isso se chama democracia. E o que é a Democracia? Vamos entender o que é a democracia. Ela é o regime político em que a soberania é exercida pelo povo, ele é o detentor do poder, do qual é confiado uma parte desse poder ao Estado por meio de seus representantes eleitos mediante do voto, para que possam organizar a sociedade. Uma das principais funções da democracia é exatamente a proteção dos Direitos Humanos fundamentais, como liberdades de expressão, religião, sexualidade, proteção legal, participação na vida política, econômica e cultural da sociedade.

Em relação à democracia, foi realizada uma recente pesquisa pelo Datafolha e publicada no jornal *Folha de S. Paulo* que demonstra o significativo apoio da população brasileira à democracia. Segundo esse estudo, 75% dos brasileiros apoiam a democracia e apenas 10% aceitariam uma ditadura. Mesmo tendo conhecimento que nossa história democrática aqui no Brasil ainda é muito curta, se formos comparar aos Estados Unidos, que já perduram sob o regime democrático desde o século 19, sendo considerado, inclusive, uma das democracias em vigor há mais tempo, sem interrupção, então, a democracia brasileira é principiante. Pois ela surgiu entre os anos de 1934 e 1937, no governo de Getúlio Vargas, sendo que, em 1945, teve nova tentativa de retomar o processo democrático, que persistiu até o ano de 1964.

Somente em 1985 é que passou a existir o que hoje reconhecemos como democracia no Brasil e que em 1988 realmente passou a vigorar até hoje com a promulgação da Constituição Federal. Atualmente em pleno século XXI, estamos presenciando as mais diversas desavenças entre os três poderes no Brasil, com formações de opiniões diferenciadas, *fake news*, disputa por poder, o que pode até causar certa ruptura da democracia. Isso podemos inclusive não mais considerar um mero devaneio, levando em consideração os desentendimentos constantes entre os poderes que deveriam ser harmônicos entre si. O mais importante de tudo isso, acabam por enfraquecer o que consta na própria Constituição Federal de 1988, com todo esse desconforto entre os poderes pátrios e causando insegurança política, jurídica e social, simplesmente por uma disputa insana de egos, poder e barganhas em benefícios próprios, sempre percorrendo um caminho chamado corrupção.

Como declara Figueira (2006, p. 4),

> A prática da corrupção representa uma ação intencional por parte de uma autoridade, no interior de um sistema social, que tende a sobrepor seus interesses privados ao interesse comum, tendo em vista uma estrutura normativa institucionalizada, a qual determina as fronteiras de uma ação aceita ou não aceita no interior do sistema.

Segundo Souza (2015),

> [...] torna-se importante a observação de arranjos institucionais no sistema político brasileiro que criam incentivos para comportamentos corruptos. Assim, deixa-se de tomar a corrupção como uma característica cultural do povo brasileiro e passa-se a refletir sobre como um histórico de impunidade e parcialidade da lei construiu no país práticas políticas e interesses patrimonialistas diante da coisa pública.

Voltando a Montesquieu que disse que "a política fundamentada nas virtudes não funcionava no mundo moderno", que não foi apenas um filósofo e escritor, também profetizou o que aconteceria no mundo moderno. Porque parece ser impossibilitado o exercício de práticas lícitas entre os governantes brasileiros, onde prevalece a impunidade, o desrespeito com o erário público, os favorecimentos das grandes corporações, as lavagens de dinheiro em paraísos fiscais, vinculações com máfias e outros mais, o que causa uma perda irreparável de dinheiro público, deixando de investir em políticas públicas que venham a trazer uma qualidade de vida a sociedade brasileira.

Quero esclarecer o porquê quis aprofundar um pouco mais sobre as emendas parlamentares e a corrupção. Isso pelo simples fato de que precisamos ter conhecimento do incalculável valor do dinheiro público que deveria estar sendo empregado àquilo que ele se propõe, que é o retorno a própria sociedade e que é sempre desviado muitas vezes pelos nossos representantes parlamentares, aqueles que votamos para nos representar e nos defender no Congresso, Assembleias estaduais e Câmaras municipais. Ainda, uma grande parte desses recursos deveria ser para investimentos em projetos sociais que beneficiassem as comunidades por meio das instituições do Terceiro Setor. E isso acontece? De maneira insignificante.

Porém, estamos no século XXI, em plena era digital que foi consolidada no fim do século XX e que traz consigo um outro mundo, que nos faz pensar mais rápido e estrategicamente na otimização dos fluxos informacionais. Inclusive, querendo ou não, tivemos que nos adaptar a toda essa transformação digital, seja na forma de negociar, de se comunicar, de trabalhar em *home office*, de não precisarmos mais ir em banco, de fazermos todas as transações financeiras apenas com um celular na mão, de fazermos reuniões online, de observarmos o que acontece em nosso local de trabalho, onde quer que estejamos, ou seja, uma grande transformação na sociedade como um todo, inclusive, no mundo corporativo. Isso não passou despercebido nas organizações do Terceiro Setor.

Com a crise da pandemia do coronavírus que parou quase tudo por pelo menos um ano e meio com as cautelas e restrições impostas para o controle da pandemia, o Terceiro Setor também precisou se adaptar ao meio digital. Muitas instituições foram fechadas durante esse período e isso é uma grande problemática para esse setor que já vinha enfrentando dificuldades antes a pandemia e, agora, com a diminuição de atendimentos, fechamento de instituições, problemática nas captações de recursos e outros. Segundo Sandy Costa, que é analista de comunicação Institucional na Incentiv.me.,

> Apresenta as quatro principais tendências para o terceiro setor em 2021 e como elas podem ser consideradas a longo prazo. A tecnologia e o uso de ferramentas virtuais são a base das tendências previstas para este ano de 2021.
>
> O terceiro setor tem buscado cada vez mais a interação com o mundo virtual, digitalização e uso de ferramentas virtuais. Assim como parcerias e participação em projetos de pesquisas de interesse público.

- Presença no meio digital

Visto a necessidade de integrar o mundo físico ao digital, de maneira rápida, porém eficiente, as instituições precisaram se atentar às tecnologias. Apesar disso, não foi um momento de surgimento de novas ferramentas, mas de compreender as já existentes e incorporá-las. A fim de manter a captação durante o período de isolamento social, a digitalização passou de tendência para uma realidade inerente nos processos de mobilização de recursos. Por essa razão, muitas instituições viram na captação digital a única solução para manter seus projetos em funcionamento e, para além disso, dar apoio às ações de combate ao novo coronavírus. Uma pesquisa realizada pela Funraise mostrou que 54% dos doadores, em âmbito mundial, sentem-se mais confortáveis ao contribuir por meios digitais mediante cartão de crédito ou débito. Já na América do Sul, 46% preferem doar online e 11% via PayPal, que é uma carteira digital. Ou seja, mais de 55% dos doadores optam pela doação por meio online/digital. Por isso, a presença online se tornou uma tendência entre as práticas do Terceiro Setor.

A presença nas redes sociais também é importante.

As instituições precisam estar cada vez mais atentas aos canais digitais de informação e comunicação, ou seja, as redes sociais. Ter presença sólida nesse ambiente traz mais transparência e pode ser visto com bons olhos pelos investidores, sejam eles pessoas físicas ou jurídicas. As pessoas que apoiam e fazem incentivos ao Terceiro Setor querem acompanhar os serviços e engajar ainda mais por meio das publicações em redes sociais.

- Parcerias em projetos de pesquisa de interesse público

Um dos grandes destaques dessa área foram as grandes instituições públicas que reforçaram parcerias com o setor privado. A finalidade era estimular suas ações e pesquisas voltadas ao enfrentamento à covid-19. Nesse sentido, há dois destaques: o Instituto Butantan, que, por meio do apoio da iniciativa privada, conseguiu realizar obras em sua fábrica para ampliação da capacidade de produção de vacinas.

Já a Fundação Oswaldo Cruz, conhecida popularmente por Fiocruz, captou cerca de R$ 495 milhões em pouco mais de um ano por meio do amparo de iniciativas de empresas, pessoas físicas e até mesmo do poder judiciário. Ainda não é muito comum que instituições públicas brasileiras construam processos, a fim de mobilizar parcerias com outros setores. Em 2020, contudo, esse cenário mudou e se tornou uma tendência para este e os próximos anos.

- Influenciadores digitais como embaixadores

Ainda considerando o digital e a sua importância no Terceiro Setor, combinar esse meio com os influenciadores digitais é uma aposta que está ganhando cada vez mais força nas instituições. Como o próprio nome diz, os influenciadores digitais possuem grande influência nas redes sociais, de modo a conseguir engajar incentivadores e atrair forças à causa da instituição. Muitos desses influenciadores já costumavam realizar ações assistencialistas, como entrega de cestas básicas, presentes em datas festivas, como Natal e Dia das Crianças, entre outras ações.

Contudo, a partir do momento que se tornam embaixadores ou apadrinham uma ONG, eles elevam essas ações a projetos que vão impactar a sociedade a longo prazo e não só de maneira emergencial ou sem criar qualquer vínculo com a comunidade assistida. Temas de cunho ambiental, esportivo, desigualdade social, entre tantos outros, são pertinentes à sociedade e ganham cada vez mais espaço nas mídias sociais. Assim, instituições que trabalham com essas temáticas conseguem ganhar mais voz nos espaços digitais por meio dos influenciadores.

- Tendências no **Terceiro Setor** têm a pandemia como legado

É inegável que houve diversos desafios enfrentados pelas organizações sem fins lucrativos durante a pandemia. Contudo, as ações realizadas para enfrentar tais desafios culminaram nas tendências apontadas para este ano de 2021 e os próximos. Foi explícita a adaptação aos meios digitais, tanto para captação quanto para continuidade das suas atividades. ESG e filantropia nunca tiveram tanta força como neste período. É possível que o volume de doações volte ao "normal" conforme a pandemia for chegando ao fim. Porém, a cultura de doação, bem como o engajamento da sociedade e empresas em causas sociais, foi bem inserida e deve se estabelecer em longo prazo.

De uma coisa podemos ter certeza, nada será como antes dessa pandemia. Tudo mudou e, se ainda não mudou, precisara mudar. Como citamos anteriormente, entramos em outra fase da vida. Conforme Ana Carolina dos Santos, "Captar recursos com toda certeza não será mais como o período anterior a esse vírus! As entidades que ainda não se adaptaram, terão que mais cedo ou mais tarde, fazer isso ou os resultados serão desastrosos".

O que mudou na forma de captar recursos?

De acordo com Ana Carolina dos Santos, "Muita coisa, e a principal delas foram as lives musicais e artísticas. A maioria das lives do país exibiram QR Codes, em que era só apontar a câmera do celular para ser direcionado a um aplicativo, que intermediava a doação para organizações que tinham as mais variadas iniciativas. Foram milhões arrecadados e milhões de pessoas que doaram e ainda doam".

Além das lives, também começaram a aparecer as doações captadas pela internet, como as campanhas de financiamento coletivo (as conhecidas vaquinhas online). Por incrível que pareça, muitas pessoas contribuíram dessa forma pela primeira vez para alguma ONG e estão doando até hoje. Isso é incrível! Fora da internet, também foram destaque as doações. Para se ter uma ideia, o monitor de doações da covid-19, mostrou que bilhões de reais foram doados e ainda são, em todo o Brasil, principalmente vindo de empresas. A solidariedade é outro destaque, nunca foi tão noticiado como agora os movimentos de doações e as campanhas.

Qual o impacto disso para a captação de recursos? Simplesmente transformador. Ana Carolina dos Santos diz que, de uma hora para outra, passamos a ter milhões de pessoas mais próximas das organizações da sociedade civil, dispostas a doar e efetivamente fazendo isso. Com um trabalho bem feito e dedicado, as instituições podem construir um relacionamento de longo prazo com essas pessoas, tornando-as doadoras recorrentes e alavancando a sua própria receita. Além disso, todos estão mais conectados agora. A doação via código QR não é mais desconhecida de ninguém (ela já existia antes, bem como as lives filantrópicas), a tecnologia se disseminou e as pessoas sabem como usá-la.

Como um código QR nada mais é que um endereço de internet, em formato de imagem, ele pode levar a qualquer página, inclusive à página de doações da sua organização — o doador não precisa sequer ter um aplicativo em seu celular.

Outro fator importante é que estamos perdendo a vergonha de pedir doações. Sim, essa vergonha existe. Muitas instituições e suas lideranças têm certo pudor em se expor pedindo doações para a organização. O sucesso das captações realizadas em todo o país nesses últimos meses mostra que quem está pedindo, de forma estruturada e séria, e tem uma boa base de apoio na divulgação está recebendo doações. Está provado que não tem por que não investir em captação de recursos. Ou seja, são diversas as maneiras de captar recursos e, com toda a certeza, devemos estar antenados à tecnologia que nos permite buscar recursos para o desenvolvimento de projetos e ações que vão ao encontro de suprir as necessidades de uma comunidade.

Temos principalmente que entender que o Terceiro Setor passou a ser um agente imprescindível no processo de desenvolvimento social e humano, não apenas porque ele consegue atender as necessidades mais básicas da sociedade, como esporte, cultura, lazer, educação, saúde, moradia, emprego, renda, meio ambiente, melhor qualidade de vida, cidadania, voluntariado, cursos profissionalizantes, cooperativismo, empreendedorismo social, espírito humanitário, solidariedade e outras tantas ações de efeito humanitário.

Ele é cada vez mais imprescindível para a sociedade, porque ele chega onde o governo não é capaz de chegar, mesmo que o governo queira, e parece que os governantes não conseguem entender tal situação. Muitas vezes, vê o Terceiro Setor como concorrente e não como parceiro, parceiro esse que desenvolve políticas públicas que são de responsabilidade do Estado e que, por direito, toda a sociedade deve ter retorno de bens e serviços que deveriam ser prestados a todos pelo próprio Estado, pois cada cidadão já pagou por eles, por meio dos impostos e taxas que são cobrados a vida toda.

É justamente por isso que surgiu o Terceiro Setor, desde os primórdios citados anteriormente, para contribuir com a diminuição das desigualdades sociais e desenvolver um efeito construtivo e humano. Não é à toa que ele é admirável e reconhecido em todo o mundo, chegando inclusive a movimentar aproximadamente 1 trilhão de dólares, ocupando o ranking da 8ª posição na economia mundial, se comparado ao PIB das nações mais ricas. Penso que não é querer romantizar o Terceiro Setor, principalmente por alguém que é apaixonado por ele, mas é ver com bons olhos o que ele realmente traz de benefícios extremos a uma grande parcela da sociedade, desenvolvendo de maneira prática e eficaz as políticas públicas das mais variadas possíveis.

E o que se entende por políticas públicas? Elas são diretrizes que norteiam são ações e programas desenvolvidos pelo poder público para colocar em prática e garantir os direitos a todos os cidadãos que estão previstos na Constituição Federal e em outras leis. A falta dessas ações e programas afetam e muito a população, pois deixa de ser suprido um direito seu garantido que é a promoção do bem-estar da sociedade que está relacionado a ações nas áreas, como saúde, educação, meio ambiente, moradia, lazer, cultura, esporte, assistência social, transporte e segurança e tantas outras que venham a contribuir para contemplar a qualidade de vida do cidadão como um todo.

Segundo Canela (2009 p. 50),

> As políticas públicas correspondem a direitos assegurados constitucionalmente ou que se afirmam graças ao reconhecimento por parte da sociedade e/ou pelos poderes públicos enquanto novos direitos das pessoas, comunidades, coisas ou outros bens materiais ou imateriais. A análise de políticas públicas é um campo de estudos que vem trazendo importantes contribuições para a melhor compreensão do funcionamento das instituições políticas e das complexidades que envolvem a vida política nos dias atuais.

São exatamente essas ações que o Terceiro Setor desenvolve efetivando os direitos sociais fundamentais. Assim, chegamos a uma falta de entendimento, quando diversas organizações do Terceiro Setor buscam realizar parcerias governamentais e não conseguem, seja pelo excesso de burocracia, seja pelo desinteresse dos órgãos governamentais ou governantes. Isso nos deixa a conclusão de que, se o Terceiro Setor não tivesse tamanha relevância a sociedade como um todo, ele não teria ocupado de forma crescente e com credibilidade o espaço no Brasil e no mundo.

Para Oliveira (1999, p. 75).

> O fortalecimento da sociedade civil e de sua atuação no campo do desenvolvimento social é o caminho correto para que possamos superar essa herança pesada de injustiça e exclusão. Não considero esse caminho correto pelo simples fato que aliviaria a tarefa do governo, retirando de seus ombros uma parcela de sua responsabilidade.
>
> Não se trata disso, mas sim de reconhecer que a ação do terceiro setor no enfrentamento de questões diagnosticadas pela própria sociedade nos oferece modelos de trabalho que representam modos mais eficazes de resolver problemas sociais (Oliveira, 1999, p. 75).

Não podemos de maneira nenhuma cobrir o sol com a peneira, ou seja, não reconhecer a relevância do Terceiro Setor. Esta obra foi feita com muito carinho e intenção de passar a cada um(a) o que é o Terceiro Setor e todas as suas nuances. A própria autora gostaria de encontrar um livro que pudesse lhe dar respostas concretas sobre o tema em questão, seja sobre a origem, as diferenças, as normas e certificações, a relevância, como ele se comporta no mundo, como ele pode se manter sustentável e como as parcerias são de extrema importância para mantê-lo vivo e atuante.

É inegável sua importância para a sociedade e para o Estado, sua luta é a luta de todas as pessoas que desejam o bem-estar de todos, sua finalidade é o bem social. Por meio de suas dificuldades, criou um modelo de gestão social e eficaz, transita pelo setor público e privado, envolve pessoas no voluntariado, buscando tornar-se um setor que não é público, nem privado, mas preenche com eficácia e eficiência um *gap*, desenvolvendo novas estratégias em nome da responsabilidade social.

REFERÊNCIAS

A BARGANHA das emendas. *O Estado de São Paulo*, São Paulo, 23 nov. 2012. Disponível em: https://opiniao.estadao.com.br/noticias/geral,a-barganha-das-emendas-imp-,963972. Acesso em: 15 maio 2022.

ALBUQUERQUE, Antonio Carlos Carneiro. *Terceiro setor*: história e gestão de organizações. Summus Editorial, 2006.

AMERICAN CHAMBER OF COMMERCE OF AMAZONAS – AMCHAM. Disponível em: http:/www.amcham.org.br. Acesso em: 26 abr. 2022.

ANDRES, Thompson. Do compromisso à Eficiência? Os caminhos do Terceiro Setor na América Latina. *In:* IOSCHPE, Evelyn Berg. *3º Setor:* Desenvolvimento Social Sustentado. São Paulo: Gife, 1997.

ANTUNES, Ricardo. *Os sentidos do trabalho*: ensaio sobre a afirmação e a negação do trabalho. 5. ed. São Paulo: Bomtempo, 2001.

ASSOCIAÇÃO Brasileira de Captadores de Recursos. Código de ética. Disponível em: http://captacao.org/recursos/institucional/codigo-de-etica.html. Acesso em: 20 out. 2021.

ASSOCIAÇÃO BRASILEIRA DE NORMAS TÉCNICAS (ABNT). *NBR ISO 14001:2004*: Sistema de gestão ambiental: requisito com orientação para uso. Rio de Janeiro, 2004.

ASSOCIAÇÃO BRASILEIRA DE NORMAS TÉCNICAS (ABNT). *NBR 16001:2004:* Responsabilidade social: sistema de gestão: requisito. Rio de Janeiro, 2004.

BANDEIRA, Celso Antônio de Mello. *Curso de direito administrativo*. 26. ed. Malheiros Editores, 2008.

BOBBIO, Norberto. *Direito e Estado no Pensamento de Emanuel Kant*. Tradução de Alfredo Fait. 4. ed. Brasília: Editora Universidade de Brasília, 1997.

BRASIL. Constituição (1988). *Constituição da República Federativa do Brasil*. Brasília, DF: Senado, 1988.

CAMARGO, Mariângela Franco; UEDA, Mery; SUZUKI, Fabiana Mayumi; SAKIMA, Ricardo Yuzo; GHOBRIL, Alexandre Nabil. *Gestão do Terceiro Setor*. São Paulo: Futura, 2001.

CANELA, Guilherme; NASCIMENTO, Solano. *Acesso à informação e controle social das políticas públicas*. Brasília: Andi, 2009. Disponível em: http://www.acessoainformacao.gov.br/acessoainformacaogov/publicacao/acesso-a-informacao-e-controle-social-das-politicas-publicas.pdf.

CARVALHO, C. M. S.; FELIZOLA, M. P. M. A Importância do Marketing na Captação de Recursos para o Terceiro Setor., UNIT, SE. *In:* CONGRESSO DE CIÊNCIAS DA COMUNICAÇÃO NA REGIÃO CENTRO-OESTE, 11., 04 a 06 de junho de 2009, Brasília/DF. *Anais* [...]. Brasília: Universidade Tiradentes, 2009.

CARDOSO, Ruth. *3a Setor Desenvolvimento Sustentado*: Fortalecimento da Sociedade Civil. Rio de Janeiro, [s. n.], 1997.

CARDOSO, Ruth. Sustentabilidade, o desafio das políticas sociais no século 21. *São Paulo Perspectiva*, São Paulo, v. 18, n. 2, 2004.

CICCA, I. *Captação de recursos*: fontes distintas exigem estratégias diferentes. Disponível em: http://www.guiame.com.br/v4/materia.asp?cod_pagina= 1705&cod_noticia= 21479. Acesso em: 20 nov. 2022.

CÔELHO, Marcus Vinicius Furtado. *A raiz da corrupção*. Disponível em http://www.oab.org.br/noticia/28085/artigo-a-raiz-da-corrupcao-por-marcus-vinicius-furtado-coelho . Acesso em: 21 jan. 2024.

DE MASI, Domenico. *O futuro do Trabalho*: fadiga e ócio na sociedade pós-industrial. Rio de Janeiro: José Olímpio; Brasília DF: Ed. da UNB, 1999.

DIMENSTEIN, G. *Captação de recursos para ONGs depende de planejamento e dedicação*. Disponível em: http://www1.folha.uol.com.br/folha/dimenstein/noticias/gd260405.htm. Acesso em: 25 nov. 2021.

DRUCKER, P. *As novas realidades*: no governo e na política, na economia e nas empresas, na sociedade e na visão do mundo. São Paulo: Pioneira, 1997.

FÉLIX, Rodrigo Gonçalves de Almeida. *A questão da sustentabilidade e o terceiro setor Administradores*, [s. l.], 2010. Disponível em: http://www.administradores.com.br/informe-se/artigos/a-questao-da-sustentabilidade-e-o-terceiro-setor/37769/. Acessado em: 18 nov. 2021.

FERNANDES, Rubem César. Privado, *porém público* – o Terceiro Setor na América Latina. 2. ed. Rio de Janeiro: Relume Dumará, 1996.

FERNANDES, Rubens César. IDAC – Elos de uma Cidadania Planetária. Disponível em: http:// IDAC.Rits.Org.Br/elos/idac. Acesso em: 25 nov. 2022.

FILGUEIRAS, Fernando. *A Corrupção na política, perspectivas teóricas e metodológicas*. Juiz de Fora-MG, 2006. Disponível em http://www.cis.puc-rio.br/cis/cedes/PDF/cadernos/cadernos%205%20%20Caderno%20Cedes%20Filgueras.pdf. Acesso em: 24 nov. 2021.

GAUSSIN, M. *et al*. Assessing the environmental footprint of manufactured products: a survey of current literature. *International Journal of Production Economics*, v. 146, n. 2, p. 515-523, 2013.

GARCIA, Emerson; ALVES, Rogério Pacheco. *Improbidade Administrativa*. 3. ed. Rio de Janeiro: Lúmen Júris, 2005.

GOHN, M. G. *Teoria dos movimentos sociais*: paradigmas clássicos e contemporâneos. São Paulo: Edições Loyola, 1997.

GONÇALVES, André. *Dinheiro público: orçamento da União é foco constante de casos de corrupção*. Gazeta do Povo, 11 dez. 2010. Vida Pública. Disponível em: Disponível em: https://www.gazetadopovo.com.br/vida-publica/orcamento-da-uniao-efoco-constande-de-caso-de-corrupção. Acesso em: dez. 2021.

GRAJEW, Oded. *A revolução dos patrões*. Entrevista explosiva. Caros Amigos, v. 2, n. 15, São Paulo, 1998.

GUZZO, Rossilene Araújo. *Terceiro Setor*: um caminho para o fortalecimento da responsabilidade social. Belém: edições do Autor, 2003.

HUDSON, Mike. *Administrando Organizações do Terceiro Setor* – o desafio de administrar sem receita. São Paulo: Makron Book, 1999.

INSTITUTO ETHOS DE EMPRESAS E RESPONSABILIDADE SOCIAL. *Guia de compatibilidade de ferramentas*. São Paulo: Planeta Terra, 2005.

LIPPI, Roberta. *Terceiro Setor espera retomar o crescimento*. Gazeta Mercantil, p. A-7, 18 maio 1999.

LUKÁCS, Gyorgy. *Ontologia do ser social*. São Paulo: Vozes, 1979.

LUKÁCS, Gyorgy, (1967). *Estética* – v. 3. Barcelona/México: Garijalbo. , (1979). *Os princípios ontológicos fundamentais de Marx*. São Paulo: Ciências Humanas, 1979.

LUIZ, Felipe Seixas Corrêa. Artigo no *El Pais*, *"Brasil: a imperfeita separação dos poderes"*, em 2018.

MARTINS, Ives Gandra da Silva. *O Estado de Direito e o Direito do Estado*: outros escritos. São Paulo: Lex, 2006.

MELO NETO, Francisco Paulo de; FROES, César. *A responsabilidade social e cidadania empresarial*: administração do terceiro setor. Rio de Janeiro: Quality Mark, 1999.

MELO NETO, Francisco Paulo de. *Responsabilidade social e cidadania empresarial*: a administração do Terceiro Setor. Rio de Janeiro: Qualitymark Ed., 1999.

MELO NETO, Francisco de Paulo de; FROES, Cesar. *Empreendedorismo Social*: a transição para a sociedade sustentável. Rio de Janeiro: Qualitymark, 2002. 232p.

MEREGE, L. C. *O desafio da sustentabilidade no Terceiro Setor*: o caso das OMG/AIDS. Disponível em: . Acesso em: 20 jan. 2018.

MONTAÑO, Carlos. *Terceiro setor e questão social*; crítica ao padrão emergente de intervenção social. São Paulo: Cortez, 2002, p. 201-204.

MONTESQUIEU, Charles de Secondat. *O espírito das leis*. São Paulo: Martins Fontes, 1996.

OFFE, Claus. The present historical transition and some basic desing optons for societal institutions. *In*: SEMINÁRIO DA REFORMA DO ESTADO, 26-28 mar., 1998, São Paulo. *Anais* […]. São Paulo, 1998.

OFFE, Claus. Trabalho e Sociedade. *Problemas estruturais e Perspectivas para o Futuro da "Sociedade do Trabalho"*. Vol I, A Crise. Rio de Janeiro: Edições Tempo Brasileiro, 1989

OLIVEIRA, José Roberto Guedes de. *O Papel das ONGs na Formulação de Políticas Públicas*. Disponível em: http://www.ecoterrabrasil.com.br/ home/index.php?pg=temas&tipo=temas&cd=93. Acesso em: 17 abr. 2022.

OLIVEIRA, Migues Darcy de. *Cidadania e Globalização*: A Política Externa Brasileira e as ONGs. Brasília: Instituto Rio Branco; Fundação Alexandre de Gusmão; Centro de Estudos Estratégicos, 1999.

PIÇARRA, Nuno. *Separação dos poderes como doutrina e princípio constitucional*: um contributo para o estudo das suas origens e evolução. Coimbra: Coimbra Editora, 1989.

RIBAS JUNIOR, Fábio. *O conceito de terceiro setor*. 2002. Disponível em: http://prattein.publier.com.br/dados/anexos/67.pdf Acesso em: 18 nov. 2023.

RIFLIN, Jeremy. *O fim dos empregos*: o declínio inevitável dos níveis dos empregos e a redução da força global de trabalho. São Paulo: Makron Boock, 1995.

SARAIVA, E. Introdução à Teoria Política Pública. *In*: SARAIVA, E.; FERNANDES, E. (org.). *Políticas Públicas*. Brasília, DF: ENAP, 2006. v. 1.

SANTOS, Iber de Souza Pancrácio dos Santos. *Gestão para a Sustentabilidade do Terceiro Setor*. 2009. Disponível em: http://www.administradores.com.br/informe-se/producao-academica/gestao-para-a-sustentabilidade-do-terceiro-setor/1936/. Acesso em: 19 nov. 2021.

SODRÉ, Antônio Carlos de Azevedo; ALVES, Maria Fernanda Colaço. Relação entre emendas parlamentares e corrupção municipal no Brasil: estudo dos relatórios do programa de fiscalização da Controladoria-Geral da União. *Revista de Administração Contemporânea* [online], v. 14, n. 3, p. 414-433, maio/jun. 2022.

SODRÉ, Antonio Carlos de Azevedo; ALVES, Maria Fernanda Colaço. *432 Controladoria-Geral da União (2007)*. Relatórios de fiscalização de sorteios de municípios nº 742 a 964. [Relatório Técnico]. Brasília: Secretaria Federal de Controle Interno, 1 nov. 2021. Disponível em: http://www.cgu.gov.br/sorteios/index1.asp. Acesso em: 17 jun. 2022.

SPEAK, A.; MCBRIDE, B.; SHIPLEY, K. *Captação de Recursos*. Da teoria à prática. Trabalho baseado em United Way of Canada. Canada: Graphbox Coran, 2002. Disponível em: http://www.movimentoglobal.org.br. Acesso em: 13 nov. 2021.

TENÓRIO, Fernando G. *et al. Gestão comunitária*: uma abordagem prática. Rio de Janeiro: FVG, 2008.

THOMPSON, Andrés. *Do compromisso à eficiência?* Os caminhos do Terceiro Setor na América Latina. 3º Setor: Desenvolvimento Social Sustentado. Rio de Janeiro: Ed. Paz Terra, 1997.

THOMPSON, Andrés. *O homem que é uma lição de cidadania*. Entrevista. Brasil Responsável, v. 1, n. 1, São Paulo, 2004.

VALARELLI, L. L. *Um panorama sobre o estado da arte do debate sobre indicadores*. Plataforma Novib – GT Indicadores, Rio de Janeiro, 2001.